LES CAMPAGNES DU ROI

AVEC

DES REFLEXIONS

SUR

LES CAUSES DES EVENEMENS.

SECONDE PARTIE.

Ces faits que publiera l'auguste vérité,
Seront l'exemple un jour de la postérité.
Oeuvr. du Philof. de S. S. Tom. I. Ep. IX.

1762.

AVERTISSEMENT.

LEs lettres et réflexions suivantes sont du même Officier qui a composé le journal précédent : mais comme il étoit dépuis l'année 1743. dans un emploi, dont les affaires ne lui permettoient plus d'entrer dans un détail journalier, il s'est contenté de mander à son ami les evenemens les plus remarquables, auxquelles il a assisté en personne. Pour ce qui est de la bataille de Kesselsdorf, il n'y a pas été, mais

il n'en parle pas avec moins
d'exactitude, ayant eû en main
toutes les rélations autentiques
qui concernent les exploits du Prince regnant d'Anhalt-Deſſau; et
quant à l'expédition de l'armée
du Roi, il étoit en état de la détailler, puisqu'il y ſervoit dépuis
le commencement jusqu'à la fin.

Quoique les réflexions déta-
chées ne ſoient pas de la même
date avec les lettres, mais écri-
tes quelque tems après; on a
pourtant jugé à propos de les joindre immédiatement à la rélation.

LETTRES

sur les

principaux Evénemens

de la Campagne

de 1745.

Lettre I.

Pour Vous mettre au fait de la petite action de Landshout, dont
Vous me demandez le détail, il
faut que je remonte plus haut, et Vous faf-
fe souvenir Monfieur, que le Colonel Winterfeld, ayant été rappellé de la haute Siléfie, fut détaché de l'armée du Roi avec quinze cents houffards et quatre bataillons de
grenadiers vèrs les montagnes de Schmiede-
berg et Hirfchberg, pour faire tête à une
troupe de Bosniaques et Lycaniens, qui y
ravageoient le païs. Il les atteignit bientôt, les défit et les difperfa totalement; mais
les ennemis en furent fi piqués, qu'ils réfo-
lurent de prendre leur revenge le plutôt
qu'il feroit poffible, d'autant plus que leur

but principal étoit, de percer avec toute leur armée par Landshout et ce païs montagneux limitrophe de la Bohème.

On chargea de cette expédition le Lieutenant Général Comte de Nadasty, qui avoit sous lui le Prince Esterhasy et le Colonel Pataschutz, Commandant de la troupe Bosniaque, si mal-traitée par le Colonel Winterfeld. Ce dernier ne réspiroit qu'une vengeance meurtrière, et avoit juré par tous ses Saints, qu'il prendroit les Prussiens, ou se feroit prendre; engagement, dont il a rempli une des alternatives, comme Vous allez le voir.

En attendant que l'ennemi faisoit ces arrangemens, et qu'il avoit pris poste à Friedland et Schœmberg, Winterfeld s'avança de Hirschberg vèrs Landshout, tandis-que le Lieutenant-Général du Moulin marchoit avec deux bataillons des grenadiers, dix esquadrons de Mœllendorff Dragons, et trois cents houssards, de Schweidnitz vèrs le même endroit. Le vingtième Mai, Winterfeld s'établit à Landshout. Les dix esquadrons de Dragons sous les ordres du Major-Général de Stille se cantonnoient à Giesmannsdorff, et le Lieutenant-Général du Moulin avec les grenadiers et houssards à Reichenau; les premiers éloignés d'une mille, et les derniers de deux milles de Landshout.

On y séjourna le 21me puisque l'ennemi ne rémuoit point et que nos avis portoient, que son dessein étoit de nous donner le change, pour tomber sur le magazin à Schweidnitz, où il-n'y-avoit que deux bataillons. Le Lieutenant-Général s'aboucha le vingt deuxième avec le Major-Général de Stille et le Colonel de Winterfeld sur le parti, qu'il auroit à prendre, et on convint, que le Lieutenant-Général avec les Dragons, grenadiers et houssards qu'il avoit améné, s'approcheroit le lendemain de Schweidnitz, pendant que Winterfeld, avec quatre bataillons et 1400 houssards, continueroit d'observer ce qu'il-y-avoit des ennemis à Schœmberg et Friedland.

Le vingt-troisiême à trois heures du matin Winterfeld envoya un chasseur au Général de Stille, le prier de suspendre sa marche, puisqu'il avoit raison de croire qu'on viendroit l'attaquer; mais il lui fit dire en même-tems, de ne pas quitter ses quartiers, jusqu'à ce qu'on seroit mieux éclairci, dont il ne manqueroit pas de l'avertir, en cas que sa présence devînt nécessaire. Le Général Stille envoya d'abord le même messager au Lieutenant-Général du Moulin, fit sonner à cheval, sortit de ses cantonnemens, forma ses esquadrons sur le grand chemin de Landshout, et attendit des avis plus précis. Entre cinq et six heures on crut entendre quelques coups de canon, mais foiblement et à grands intervalles, le vent contraire nous dérobant le bruit des décharges. Cependant Winterfeld étoit attaqué dans toutes les formes. Il étoit sorti de Landshout à la petite pointe du jour avec trois bataillons, pour se poster sur les hauteurs, qui sont immédiatement devant la ville du côté de Liebau et de Grissau, par

où l'ennemi devoit nécessairement venir.
Ses houssards campoient en avant , près de
Reichen-Hennersdorff, et étoient à cheval
:.u front de leur camp, lorsqu'ils virent défiler vis-à-vis d'eux un gros d'houssards, avec
quelque infanterie et grand nombre des
pandoures. La partie n'étant point égale
pour nos houssards, ils furent obligés de se
replier vers nos grenadiers , sur quoi les
pandoures se glissant par le village, entrèrent dans le camp abandonné et mirent le
feu aux huttes de paille, pendant que d'autres troupes d'houssards et d'infanterie continuoient à se couler le long de la montagne derrière Reichen-Hennersdorff. Winterfeld pour faire agir ses houssards, de-
scendit fiérement de ses hauteurs et escar-
moucha pendant quelque tems ; mais s'ap-
percevant, que Nadally, Commandant de
ce corps, faisoit une manœuvre par sa droite, qui auroit pu le couper des hauteurs de
la ville, il jugea à propos, de revenir à son
poste, et de mettre ses houssards derrière
les grenadiers, à cause que ceux de l'en-

nemi étoient du triple plus forts et soûtenus de l'infanterie Hongroise; aussi celle - ci, dans la persuasion que Winterfeld plieroit toujours, s'avisa de descendre dans la vallée, et fit mine de l'attaquer sur ses hauteurs. Elle avoit du canon, et s'avançoit en assez bon ordre, lorsque Winterfeld fit à son tour descendre à sa rencontre les houssards, et du canon et quelques compagnies de grenadiers, lesquelles faisant un feu réglé par pelotons, réüssirent si bien, qu'un bataillon de Haller Hongrois se retira en confusion, et que l'autre se jetta derrière un rideau, pour se mettre à couvert des coups. Cependant ils ne quittèrent pas tout- à- fait la partie, mais ils se remirent en ordre de bataille au pied de la montagne, par laquelle ils étoient venus. Les pandoures d'un autre côté gagnèrent un petit bois, vis-à-vis les hauteurs du flanc de nos bataillons, et tuèrent et blessèrent quelque monde. Ils eurent même l'audace de grimper ces hauteurs à quatre pattes, de lâcher leurs coups à brûle-pourpoint, et se rejetter ensuite

en bas, où ils n'avoient rien à craindre.
Une partie de tolpatfches et d'houffards paf-
fèrent en même-tems les fauxbourgs de
Landshout, et fe repandirent fur les collines de l'autre côte de la ville, deforte
que les affaires ne prenoient pas un trop
bon pli, nos grenadiers n'ofant pas s'éloig-
ner de leur pofte, ni les houffards fe ré-
mettre en activité.   Ce fut donc très-à-
propos que le Major - Général de Stille arriva avec fes Dragons. Le prémier effet
en fut, que dès que leur tête parut, tout
ce qui étoit déja en deçà de la ville, fe
replia vèrs fon gros, et que l'infanterie ennemie quitta tout de bon la vallée pour fe
remettre fur la crête de la montagne, en
fe couvrant de trois lignes d'houffards, qui
faifoient au delà de trois cents chevaux.
Dès que les Dragons avoient paffé les fauxbourgs, et joint les bataillons de Winterfeld, on les rangea en bataille fur l'aile
droite vis-à-vis de l'ennemi. Nos houffards
furent mis fur une ligne devant les Dragons, et le fignal s'étant donné, on s'ébran-

ta, et puis on s'élança à toute bride en de-
scendant les hauteurs sur lesquels nous
étions, et en remontant à pleine course
celle où se tenoit l'ennemi. Les houssards
Autrichiens ne voulurent point faire l'expérience de l'impétuosité de ce choc, mais
regagnèrent le sommet de la montagne
dans l'espérance, que leur infanterie et
leurs pandoures postés dans les bois, nous
arrêteroient par leur feu. Mais quoique
ceux-ci firent sur nous une décharge géné-
rale, et que la montagne que nous mon-
tions, étoit fort escarpée, nous ne nous ar-
rêtâmes point, mais y fûmes aussitôt que les
fuyards, desorte que tout fut enfoncé et
culbuté. Cinq cents en furent sabrés; soixan-
te et deux, parmi lesquels se trouva le Colonel Patafchutz, furent faits prisonniers,
et le reste entièrement dispersé. Nous
les poursuivîmes jusque dans la plaine de
Grissau, et nous aurions pris tout le gros
détachement, si les étangs, digues et autres
défilés, qui sont près de l'abbaïe, ne nous
eussent empêché de pousser notre pointe.

On a trouvé et ramaffé au delà de mille fufils, fabres et autres appareils de guerre le long du chemin de leur fuite, et les païfans nous ont dépuis rapporté, que Nadafty a envoyé en Bohème vingt trois chariots chargés de bleffés.

Après ce coup nous fommes reftés tranquilles à Landshout jusqu'au vingt-fixième; mais apprenant que la tête de l'armée ennemie entière, tant Autrichienne que Saxonne, n'étoit qu'une groffe lieuë de nous, nous nous fommes retirés la nuit du 27me à Schweidnitz, fans être inquiétés dans notre retraite.   Je fuis etc.

Du camp fous Schweidnitz, ce 29. Mai, 1745.

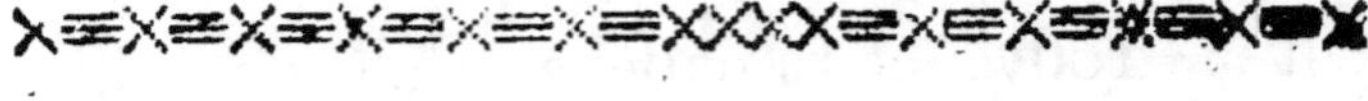

Lettre II.

Sur la

Bataille de Hohen-Friedberg.

Le peu de tems que me laiffent les occupations de mon emploi, m'avoit fait prendre la réfolution, de ne plus écrire ni journaux, ni rélations, et ce fut par un pur effet de mon amitié envers Vous, que je gagnai fur moi de Vous détailler l'affaire de Landshout. Cependant la bataille de Hohen-Friedberg eft un évènement fi grand et fi glorieux au Roi notre Maître et à fon armée, que je ne faurois m'empêcher de Vous en faire part, d'autant moins qu'il fe mêle dans mon fait une bonne dofe de reffentiment contre nos voifins, dont ce rabbat-joie aura fans doute modéré l'ardeur qu'ils ont eue jufqu'ici, d'inftruire le Public de la bonne opinion qu'ils ont d'eux-mêmes.

Après que le Roi eut appris par ſes eſpions, par les déſerteurs de l'armée combinée, et plus particulièrement par notre retraite de Landshout, que le Prince Charles de Lorraine et le Duc de Weiſſenfels étoient effectivement entrés en Siléſie a la tête de quatre vingt mille combattans, et qu'ils ne penſoient pas à moins, qu'à en faire la conquête toute entière, il décampa le prémier de Juin des environs de Reichenbach, et vint poſer ſon camp entre Striegau et Schweidnitz, la gauche appuyée à cette ville, et la droite au village de Jauernick, où il établit le Quartier-Général. L'Avant-Garde, conſiſtant en ſept bataillons de grenadiers, dix eſquadrons de Dragons et deux mille houſſards, ſous les ordres du Lieutenant-Général du Moulin et des Généraux de bataille Stille et Winterfeld, fut placée près de Striegau, campant ſur une ligne, le long du grand-chemin, et étendant ſon aile gauche vèrs le village de Stanowitz. Le Lieutenant-Général de Naſſau avec cinq bataillons, dix eſquadrons de Bayreuth Dragons, et le Regiment de Ziethen houffards, se posta entre l'armée et l'Avant-Garde au village de Zedlitz, occupant en même-tems le bois appellé vulgairement le Nonnen-Busch, pour empêcher les troupes légères de Nadasty de s'approcher des camps, d'en interrompre la communication, ou d'épier nos manœuvres. Le front des deux camps, soit de l'Avant-Garde, soit de l'armée, étoit couvert pour la plus grande partie par des hauteurs, sur lesquelles étoient nos gardes avancées, ce qui nous procuroit le double avantage, d'être cachés à l'ennemi, et de découvrir jusqu'aux pieds des montagnes, et même par leurs gorges le moindre mouvement qu'ils pouvoient faire. Comme la hauteur au front de l'Avant-Garde, étoit la plus élévée et la plus propre pour faire des observations, Sa Majesté y vint deux ou trois fois par jour, pour voir Elle-même ce qui s'y passoit.

Le deuxième de Juin, nous vîmes plusieurs corps séparés, qui marchoient au haut des montagnes du côté de Hohen-Friedberg, et vèrs le soir un gros de 6 à 7000 hommes, se campa vèrs le château de Fur-stenstein, le reste vèrs Quoolsdorf et der-rière Hohen-Friedberg, mais si enfoncé dans les montagnes, que nous n'en pûmes appercevoir qu'une partie des tentes à travers les gorges.

Le troisiême au matin ils étoient dans la même position. Le Roi étant venu com-me a l'ordinaire, examiner le tout par ses propres yeux, et ayant remarqué, que leurs soldats faisoient la cuisine de si bonne heu-re, se douta qu'ils descendroient le même jour et nous ordonna de prendre garde très-exactement, et de l'avertir du moindre mouvement qu'on leur verroit faire, ayant dessein de les laisser déboucher tranquille-ment, et de les forcer ensuite à une affaire décisive.

A une heure après midi, ils commencè-rent à lever leur camp. Sa Majesté étant accouruë à notre observatoire, nous vîmes défiler plusieurs colonnes marchans d'un pas grave et avec précaution sur notre droite, vèrs les villages de Hausdorff, Kauder, Ronſtoc et Thomaswalde, ſitués dans la plaine ſur la grande route de Landshout à Jauer. Le corps, qui campoit ſur le château de Furſtenſlein, aux ordres du Comte de Nadaſly, étoit rangé en bataille, mais ne bougeoit pas de ſa place. Sa Majeſté prit là-deſſus le parti, de les attaquer le lendemain, et ordonna pour cet effet au Lieutenant-Général du Moulin, de décamper encore le même ſoir à huit heures, et d'aller occuper les hauteurs de l'autre coté de Striegau, nommés les Spitzberges, où nous avions des petits poſtes d'houſſards. Le Lieutenant-Général de Naſſau devoit peu après s'approcher de nous; l'armée ſe devoit mettre en mouvement à l'entrée de la nuit, et à deux heures après minuit tous les divers corps devoient avoir paſſé Striegau, et être réünis en deux lignes, pour que chacun pût s'arranger et prendre ſa place déſignée dans l'ordre de bataille. Les ſept bataillons grenadiers, et les houſſards de l'Avant-Garde furent réſervés pour être em

ployés

ployés là, où les circonstances pourroient
l'exiger.

Nous nous préparions à cette manœuvre,
et il étoit sept heures du soir, lorsque mille Ulans, soutenûs de six bataillons de Saxons, parurent sur ces mêmes hauteurs que
nous devions occuper. Ils avoient déja
poussé nos petites postes avancés, et s'arran-
geoient de façon à nous faire croire, qu'ils
vouloient s'y maintenir. Surquoi le Lieutenant-Général, comprenant de quelle importance il étoit de les en empêcher, fit
d'abord sortir l'Avant-Garde et marcher à
eux. Comme nous étions obligés de faire
défiler les Dragons par le village de Græven,
qui fait un des fauxbourgs de Striegau, le
jour baissa, et la crépuscule de la nuit étoit
déja bien avancée, avant que nous pûmes
commencer l'attaque. Nous chassâmes
néanmoins les ennemis de trois hauteurs,
mais la quatrième, qui de notre côté étoit
inaccessible, leur demeura; ils s'y placè-
rent donc et dressèrent une batterie de
quatre pièces de campagne. Cependant

le Corps du Lieutenant-Général de Naſſau venoit ſe poſter près de nous; les deux lignes de l'armée qui marchoient en deux colonnes, étoient peu éloignées, et nous attendions avec un grand ſilence la naiſſance du jour, pour entrer en action. Il faiſoit beau voir la plaine de Ronſtoc et des environs, illuminée de mille et mille feux, et nous pouvions à leur clarté voir diſtinctement, que les ennemis continuoient pendant presque toute la nuit, à faire défiler les troupes.

A-peine le jour commençoit-il-à pondre, que le canon de la hauteur ſurmentionnée nous ſalua de pluſieurs coups, mais ſans effet, et comme nous nous mettions en marche de tous côtés, ſans nous attacher à cette batterie, les ennemis craignant d'être coupés, deſcendirent rapidement, et ſe retirèrent à travers un bois de ſapins, qui nous en déroba la vûe.

Cet incident nous fit concevoir, que l'aile gauche de leur armée ne devoit pas être fort éloignée, et effectivement nous n'avions

fait que trois à quatre mille pas, que nous
nous trouvâmes aux environs du village de
Pillgramshayn, face à face à cette aile, composée de Saxons, à la réserve de trois Regimens
de cavalerie Autrichiens et quelques bataillons de leur infanterie.   Nous vîmes de
plus, que toute leur armée sortoit de son
camp à la hâte, et avec quelque confusion,
pour se mettre en bataille, desorte que leur
ligne se déployoit à la gauche et à la droite.
La manière dont ils s'y prirent, nous fit voir
qu'ils ne s'étoient pas attendus à nous ren-
contrer dans leur chemin. Nous marchions
encore en colonnes, tirant toujours vers la
droite, pour ménager notre flanc ; et à la
tête de la seconde ligne, qui par la nature
du terrain débordoit un peu la prémière,
marchoit le Général du Moulin et le Major-
Général de Winterfeld avec les grenadiers
et les houssards de l'Avant-Garde ; les dix
esquadrons de Dragons sous les ordres du
Major-Général de Stille, ayant repris leur
poste dans l'ordre de bataille, qui étoit à
l'extrêmité de l'aile droite de cette seconde

ligne. Du Moulin et Winterfeld fe trouvant au fortir d'un bois de fapins affez clair,
vis-à-vis de l'aile gauche de l'ennemi, ne
balancèrent pas un moment. Ils attaquè-
rent d'abord par une canonade fort vive,
et continuèrent ce feu fans interruption,
pendant que la cavalerie et l'infanterie des
deux colonnes de notre droite couroient à
toutes jambes pour former les lignes. Si
Vous aviez été préfent, Vous auriez admiré
avec nous la bonne volonté et la bravoure
de nos foldats dans ce début; l'empreffe-
ment avec lequel on fe portoit vèrs l'ennemi, devoit naturellement caufer quelque
desordre, chacun voulant fe placer en rang
de bandière, et la cavalerie fe croifant avec
l'infanterie plus d'une fois; mais les fantaf-
fins et les cavaliers furent fe démêler fi
adroitement, et fe faire place les uns aux
autres fi à propos, qu'en peu de minutes
nous vîmes notre aile de cavalerie formée
en deux lignes, et l'infanterie de la feconde
ligne en action, faifant la prémière, à caufe que celle-ci étoit rétardée dans fa marche

par la situatiou du terrain. Notez que tout
ceci se fit en avançant sur l'ennemi, et en
chargeant tantôt aux armes à feu, et tantôt
aux armes blanches. Cette vigueur et rapidité de nos troupes deconcertèrent les
ennemis; aussi ne leur laissa-t-on pas le
tems d'en revenir; nos deux lignes de cavalerie tombèrent dessus, et agirent si effi-
cacement, que toute leur cavalerie fut cul-
butée et poussée de terrain en terrain, et
leur infanterie percée et renversée.

Le prémier choc entre ces deux ailes de
cavalerie se donna près du village de Pil-
grainshayn, où celle de l'ennemi ayant été
poussée une fois, fut toujours poursuivie à
travers les champs d'Eisdorf, Hæselicht, etc.
et le long de la route de Bolckenhayn.
Deux bataillons Saxons furent enveloppés
dans cette prémière disgrace et entièrement
détruits. Nos gens dans cette occasion
étoient trop animés contre leurs voisins; il
étoit rare de voir donner quartier, et les
Officiers avoient toutes les peines du monde à sauver quelques malheureux. J'en ai

O iij

fait l'expérience moi-même, à mon propre risque.

Dès la prémière attaque, la victoire s'est declarée à notre aile. Il est vrai, que deux ou trois esquadrons Saxons pénétrèrent par notre prémière ligne; mais outre que le reste de cette ligne étoit victorieux, ces esquadrons parvinrent à peine à la seconde ligne, où étoit la brigade du Major-Général de Stille, qu'ils furent enveloppés et passés presque tous au fil de l'épée. Dépuis cet évènement, la fortune ne nous abandonna plus pour un seul moment. Les ennemis ne firent que se battre en retraite, et six à huit mille hommes furent tellement coupés de leur corps de bataille, qu'ils se vîrent forcés à se jetter dans les grands défilés de Bolckenhayn, d'où ils ne purent rejoindre l'armée qu'au lendemain. Nous les poursuivîmes aussi vivement qu'il étoit possible, mais les grands bois et les pas difficiles qu'il-y-a de ce côté, les mirent à couvert de nos efforts. Cependant il faut avouer à cette occasion deux choses: L'une,

que ces troupes ont fait leur retraite en bons
tacticiens, par des mouvemens très-bien
compaffés; et l'autre, que la nature du terrain y faifoit beaucoup: la chaine des hauteurs, qui regnent dépuis le champ de bataille jusqu'aux défilés furmentionnés, étant
plus favorable à ceux qui fe retirent, qu'aux
pourfuivans.

Quand je dis ceci, j'entends parler de notre Avant-Garde, de notre aile de cavalerie,
et d'une petite partie de l'infanterie de la
droite: car dès que la prémière ligne de
cette infanterie avoit furmonté les difficultés du terrain, dont j'ai fait mention, et
repris fon pofte naturel, toute l'aile et une
partie du centre commencèrent le combat,
et n'eurent pas moins de bonheur. On y
trouva à la vérité plus de réfiftance, et le
feu de part et d'autre fut mieux nourri et
plus meurtrier, par la raifon, que le terrain
vers Gunthersdorf, où fe faifoit cette attaque, continuoit à être extrêmement defa-
vantageux aux attaquans. Cependant tous
ces inconvéniens ne purent rallentir l'ardeur

de notre ſoldat, et bienque les ennemis
fiſſent des grands efforts pour ſe maintenir
dans leurs avantages, les nôtres ne diſcon-
tinuèrent jamais de s'avancer à travers foſ-
ſes, marais et brouſſailles, jusqu'à ce qu'ils
les euſſent délogés, pris en flanc et pouſſés
en déroute vèrs Ronſtoc, Kauder et au-
delà.

Dans ce tems, que cette aile et une partie du corps de bataille faiſoient de ſi beaux
exploits, l'on ne s'endormit par à la gauche.
Celle-ci avoit à la vérité plus de chemin à
faire pour arriver, et ne ſe forma qu'à la
hâte pour entrer en action, lorsqu'à la droite la bataille fut pleinement engagée; mais
elle n'y perdit rien, ſi non qu'elle trouva
à combattre des gens qui avoient eu lé loi-
ſir de s'arranger, pour la recevoir d'autant
mieux. La vigueur avec laquelle cette
aile aborda les ennemis, fut auſſi décidée
que celle de la droite, et eut auſſi les mêmes ſuites heureuſes. Elle les força après
un combat très-opiniatre à ſe retirer par
Thomas-Walde et Friedberg, dans les dé-

filés de Quolsdorf. Notre cavalerie de cette aile a choqué pour le moins cinq à six fois, toujours avec succès, et le feu de l'infanterie n'a pas cessé un moment jusqu'à neuf heures du matin, que toute l'armée combinée fut totalement battue, mise en fuite, et poursuivie jusque dans les débouchés de la montagne, par où elle étoit venuë.

Il s'est fait des prodiges de valeur dans les actions particulières de quelques Regimens. Dans différentes occasions l'infanterie a attaqué à coups de bajonettes, et la cavalerie s'est souvent jettée sur les bataillons ennemis, malgre leur feu prodigieux. A la droite les gardes du corps, et les carabiniers ont sabré un bataillon Saxon; à l'aile gauche les dix esquadrons de Bayreuth Dragons, ont enfoncé sept Regimens d'infanterie de la brigade de Thungen, les ont détruit, et pris au delà de deux mille prisonniers, avec soixante-six drapeaux et tous leurs canons. Le Commandant de la brigade Monsr. de Thungen a eu le malheur d'y périr. Cette dernière manœuvre merite quelque détail.

- La brigade de Thungen, où-il-y-avoit des Regimens de distinction, se conservoit encore en entiér, non-obstant que les Regimens qui étoient à sa gauche, fussent en desordre, et que ceux de sa droite commençassent à flotter. Elle fit même un feu si vif et si soûtenu, que nos bataillons qui étoient vis-à-vis, n'avançoient plus avec cette impétuosité qui leur est si ordinaire. On trouva donc à propos, de mettre derrière eux les dix esquadrons mentionnés, et nos bataillons faisant par ordre des quarts de conversions à la droite et à la gauche, pour faire passer les Dragons, qui se trouvoient comme à l'ordinaire dans la seconde ligne, le Lieutenant-Général de Gesler, qui étoit à leur tête avec le Colonel Swérin, se jetta si brusquement sur les ennemis, qu'il en eût d'abord raison, et s'acquit la gloire d'avoir couronné cette magnifique journée par une action des plus brillantes.

Précisément à neuf heures du matin, nous étions maîtres de tout le champ de bataille, et nous n'avions depuis ce moment d'autres occupations, que de pourfuivre les fuyards et de ramaffer les prifonniers et les trophées.

Le Roi prit fon camp au pieds des montagnes, par lesquelles l'ennemi s'eft fauvé. L'armée combinée a laiffé fur la place autour de cinq mille morts. Nous poffédons près de fept mille prifonniers, parmi lesquels, outre cent-cinquante Officiers, fe trouvent les Généraux Berlichingen, François St. Ignon, Forgatfch et Schlichting avec quarante Officiers de l'Etat-Major. Les trophées confiftent en quatre paires de timbales, fept étendarts, foixante neuf drapeaux, foixante trois pièces de canon, quarante et quelques chariots de munition, et toute forte d'armes.

Comme l'armée ennemie a été fort difperfée, la défertion y doit être confidérable ; auffi peut-on fuppofer, vu la grande quantité des déferteurs qui nous viennent, que leur perte en général pourroit bien approcher de vingt mille hommes. Nous n'avons que huit-cents morts et à peu près trois mille bleſſés, dont ſelon le rapport des chirurgiens, les deux tiers ſeront bientôt en état de reprendre leurs fonctions. Le Lieutenant-Général Comte de Trouchſès eſt au nombre des morts, comme encore bon nombre d'Officiers d'infanterie. La cavalerie a fait peu de perte, ayant eue par tout un ſuccès fort rapide. Notez, mon cher ami, que pendant la marche de la nuit vèrs l'ennemi il ne s'eſt débandé de l'armée aucun ſoldat abſolûment, ce qui eſt ſelon les gens d'expérience un cas aſſez extraordinaire.

Nos partis et patrouilles nous ont rapporté, que les bois et les montagnes, dépuis le champ de bataille jusqu'aux frontières de la Bohème, fourmillent de bleſſés, traîneurs et déſerteurs, deſorte que la perte de l'armée combinée pourroit bien aller au dela du nombre que j'ai fixé ci-deſſus.

Sur le lendemain de la bataille, favoir le
fixiéme de Juin, le Roi eft marché en avant
vèrs Landshout, et l'armée ennemie fe re-
tirant à grands pas vèrs Jaromirtz, nous
fommes dérechef rentrés en Bohème. Je
fuis etc.

Du camp fous Friedland,
ce 9. de Juin,
1745.

Réflèxions
sur la
Bataille de Hohen-Friedberg.

On ne peut que louer infiniment la conduite, que le Roi de Prusse a tenu avant et au jour de cette mémorable action. La situation des affaires tant à l'égard de ses propres forces, qu'à l'égard de ses enennemis, demandoit quelque évènement décisif: en se mettant purement et simplement sur la défensive, et ne cherchant que d'empêcher nos adversaires de pénétrer en Silésie à travers les montagnes, le Roi auroit été obligé de sacrifier bien du monde, et d'énerver ses provinces et ses finances, en faisant subsister l'armée à ses propres dépens, et tout cela encore au risque de ne pas réüssir. Car l'ennemi, d'un autre côté, étoit plus fort que nous, ou passoit pour tel. Il avoit en son dos toutes les forces de la Bohème; et supposé même,

que la campagne s'auroit pu passer en petite guerre, son expérience dans ce genre
d'escrime, et la supériorité de ses troupes
légères, ne nous faisoient pas espérer par
tout des succès égaux.   Il faut de plus ajouter à ces considérations, que le Roi, ayant
besoin de toutes ses troupes pour faire tête
au Prince Charles de Lorraine et au Duc
de Weissenfels, devoit abandonner la haute Silésie, d'où le corps des insurgeans pouvoit se repandre par tout, et nous rendre
notre subsistance très-difficile, d'autant plus
qu'il venoit de se rendre maître de la for-
teresse de Cosel par surprise.   Il etoit donc
absolûment nécessaire, d'engager les ennemis le plûtôt le mieux à une bataille, de
leur en faciliter le moyen, et de les attirer
au but qu'on s'étoit proposé; savoir de
les battre, de purger la Silésie de leur partis, et de transporter le théatre de la guerre en Bohème.   Ainsi le Roi fit un coup
de maître en affectant de craindre la supériorité de l'armée combinée, et en faisant
courir le bruit, qu'il ne l'attendroit point

dans le voisinage de Schweidnitz, mais qu'il prendroit un poste sûr entre Breslau et Glogau sur la rivière de l'Oder, pour la commodité de ses convois. En conséquence de ces démonstrations affectées, il fit évacuer les montagnes, la haute Silésie et le païs de Glatz, recueillit tous ses différens corps, et se tint clôs et couvert daus son camp entre Schweidnitz et Striegau, usant de toutes les précautions imaginables pour dérober à la connoissance de l'ennemi, et ses véritables desseins, et le nombre de ses troupes: bien persuadé, que le Prince Charles une fois descendu dans la plaine, il ne tiendroit qu'à nous de le forcer à en venir aux mains.

L'évènement a justifié le sage parti, que le Roi a pris; et s'il faut être grand capitaine, pour imaginer des beaux projets et pour en dresser les plans, il ne faut pas l'être moins, pour mettre les momens en profit dans les exécutions, avec vigueur et dextérité. C'est encore en ce cas, que Sa Majesté a fait connoître l'étendue de ses lumières.

mières. Lorsque le Roi vit, que son stratagéme réüssissoit, et que le Prince Charles et le Duc de Weissenfels donnoient dans le panneau, il saisit le moment favorable avec une promptitude merveilleuse, et supposant avec raison, que l'armée combinée descenduë des montagnes avec le soleil couchant, n'auroit pas le loisir de s'arranger pendant la nuit, l'attaque et la surprend au point de l'aurore, et en remporte une victoire des plus complettes, comme il a été détaillé ci-dessus. On peut dire que c'étoit faire les choses à point nommé et de bonne grace, et si nous avons vu la Siléfie délivrée, et notre armée nourrie aux dépens de la Bohème, nous ne devons cette heureuse révolution qu'à la sage prévoyance de notre auguste Monarque.

Il n'en est pas de même de l'armée combinée et de sa conduite. Le plan général d'envahir la Siléfie, lui convenoit sans doute. La Cour de Vienne se proposoit de terminer la guerre contre notre maître par cette seule Campagne, et pour venir à ce but, il falloit quelque chofe de plus que des fimples excurfions; mais l'exécution de ce plan avoit, à mon avis, befoin de quelques correctifs.

Je ne prétends pas déterminer, fi l'endroit, par lequel le Prince Charles entâma la Siléfie, étoit le plus convénable à fes deffeins, ou non? J'en laiffe la décifion à ceux, qui ont plus d'expérience que moi dans cette grande partie de la guerre. Cependant il me femble, que la Saxe étant abfolûment dans les intérêts de la Cour de Vienne, et quafi fur le point d'éclater contre nous, on ne pouvoit mieux choifir, que de nous attaquer de ce côté, et qu'on n'a pas péché que dans la manière de s'y prendre. N'auroit- ce pas été plus à propos, de ne pas fe preffer à défcendre fitôt des montagnes; n'auroit- on pas mieux fait de s'y établir le long de la Luface, de nous donner des jaloufies perpetuëlles, et de faire en attendant agir de tous côtés les troupes légères, pour nous harceler, et rendre nos convois plus difficiles?

On m'objectera qu'une grande armée, comme celle du Prince Charles, étoit difficile à nourrir, et qu'en suivant ces idées, le Prince risquoit de manquer du nécessaire, ses magazins en Bohême n'étant pas trop bien pourvus.

Mais tout le monde sait, que la Saxe avoit assez de quoi fournir, que cette Puissance n'attendoit qu'un moment favorable pour léver le masque, et qu'elle tenoit tout-prêt un train d'artillerie pour le prétendu siège de Glogau : ainsi que perdoit-on à jouer au plus sûr, en nous tenant quelque tems en échec, et en sortant après tout-d'un-coup par un autre débouché, plus haut ou plus bas ? Car il nous eût été quasi impossible de faire face à tous ces débouchés, à moins que de diminuer nos forces, qui, indépendamment de cette raison, n'auroient étés que trop dispersées par les fréquentes escortes et détachemens, si les troupes Hongroises avoient bien fait leur devoir. Mais peut-être que le Prince de Lorraine avoit des ordres précis du conseil

de guerre de Vienne, de brusquer les affaires et de tenter la fortune d'un combat?
En ce cas la faute en retombe encore fur
lui. Car apparemment le confeil de guerre ne donnoit ces ordres que conféquem-
ment aux rapports, que le Général faifoit
à la Cour de la fituation des deux armées:
et lui de fon côté s'étoit tellement aveuglé
fur les avis faux mais flatteurs de notre diligence à éviter fon rencontre, qu'il ne fe
laiffa pas le tems de s'en défier, et qu'il
tabla fur des fuppofitions, dont lui et fa
Cour furent les dupes.

Tout ceci pourtant n'eft rien, en com-
paraifon de ce qu'il fit la veille du combat:
Il fortit des gorges des montagnes vèrs le
foir, et nous favons de bonne part, que
plufieurs Regimens de fon armée n'arri-
voient dans la plaine que bien en avant
dans la nuit, lorsque nous étions déja en
pleine marche pour venir l'attaquer.
Pourquoi ne fit-on pas cette manœuvre à
meilleure heure? On auroit eu le tems de
fe mettre en bataille, et on n'auroit pas

mal fait de s'y tenir pendant toute la nuit; aulieu de cela on arrive parmi les ténébres qui empêchent les arrangemens néceffaires, on met les chevaux au piquet, et on prend un repos hors de faifon, comme fi l'ennemi étoit éloigné de vingt lieuës. Je paffe fous filence, ce qu'on dit d'un diné trop long, que le Prince doit avoir donné ce jour au Duc de Weiffenfels, et qui fufpendit, dit-on, pour quelques heures l'activité de ces Généraux. J'aime mieux attribuer cette anecdote à la malice des mal-intentionnés, jaloux de la faveur des Lorrains.

Au refle je n'ignore pas qu'on rejette la caufe du malheur, que produifit cette fécurité déplacée, fur le peu de vigilance du Général Nadafly; mais il eft fûr, que la fituation de notre camp et nos précautions empêchoient ce Général de nous obferver de près; circonftance, qui toute feule auroit dû avertir le Prince de Lorraine, que les chofes n'étoient pas telles qu'ils fe les imaginoit.

D'un autre côté tous, jusqu'aux fimples foldats, étoient imbus de ces préjugés mal fondés: On répétoit aux derniers fans ceffe que les Pruffiens étoient foibles et decouragés par la dernière Campagne, qu'ils lâcheroient pied partout, et qu'il-n'y-auroit pour les Autrichiens d'autre travail ni peine, que de butiner la Siléfie à leur plein gré: Que devoient penfer et dire ces gens, endormis par ces idées flatteufes, de voir à leur reveil devant eux une armée formidable de ces mêmes Pruffiens, qui loin de fe faire relancer, viennent d'une conténance ferme et d'un pas rapide leur faire fentir le contraire? Des pareilles furprifes ne font jamais ni agréables, ni avantageufes, et s'il eft bon quelquesfois de prévenir le foldat, pour l'animer par l'efpérance, elle ne doit pas fe fonder au moins fur des principes, dont l'illufion peut être découverte auffi promtement. Dans ce cas encore les Autrichiens n'avoient pas pour eux l'expérience. Nous les avions déja battus dans plus d'un rencontre, et dans celle-ci ils se trouvoient d'abord à même, de se convaincre par leurs propres yeux, que les suppositions, dont les berçoient leurs Généraux, étoient anéanties par la réalité. Ainsi les Généraux eux-mêmes étoient pris au dépourvû, et le commun des troupes surpris et consterné; qu'en pouvoit-il s'en suivre, si non la confusion et la défaite?

Il faut cependant rendre justice à ces mêmes Généraux, et dire, qu'ils firent des efforts dignes de gens de cœur et de réso-lution, en tâchant de mettre à profit et le terrain et leurs forces; mais notre vivacité dévança leurs soins, (un peu tardifs à la veri-té) et ayant étés une fois entâmés à leur gau-che, le flanc devint insultable, et la confusion se glissant tout le long de la ligne, qui ne fut formée que tumultuairement, on peut sup-poser que Messieurs les Généraux ne se se-roient jamais relévés, quand même ils au-roient eu le double de leur bravoure et ca-pacité. Exemple mémorable, qui confirme l'axiôme si connu: *Qu'à la guerre on ne fait jamais des fautes impunément.*

❀ ❀ ❀

P iv

Lettre III.

Sur la
Bataille de Soor.

Nous voici couverts de nouveaux lauriers, auxquels perſonne ne s'attendoit: auriez-Vous dit, qu'il-y-auroit bataille entre deux armées, qui pendant toute la belle ſaiſon ont étés pour ainſi dire nez à nez ſans tenter quelque coup d'importance, et qui après cela ſe quittent ſans presqu'une affaire d'Arrière-Garde? Cependant la choſe eſt arrivée, et nous avons eu le trente de Septembre un combat, dont l'opiniâtreté et la vivacité, jointe à d'autres circonſtances, l'emportent quaſi ſur celui de Hohen-Friedberg, et qui, laiſſant à l'autre le titre de magnifique, quant au nombre des combattans et des trophées, prétend revendiquer pour ſoi celui de glorieux.

Il faut avant d'entrer dans le détail de cette admirable journée, Vous donner une idée et du camp même, dans lequel nous avons féjourné dépuis le dix neuviéme de Septembre, et de fes environs, afin que Vous puiffiez être d'autant mieux au fait, tant de la fineffe de l'ennemi, que du cas épineux et difficile, dans lequel nous nous fommes trouvés.

Je fuppofe que Vous Vous fouvenez, que Sa Majefté décampa le 18me de Jaromirtz, et entra le lendemain 19me dans le camp de Staudentz. Ce camp étoit à trois quarts de lieüe de la ville de Trautenau; l'aile droite de la cavalerie étoit peu éloignée du village de Bourckersdorff, et avoit fon flanc couvert d'un bois taillis, dans lequel campoit le bataillon de Stangen Grenadiers. Le front de cette aile étoit d'un abord très-difficile à caufe des étangs et des marais qui s'y trouvoient, mais fon dos n'étoit proté-gé que par quelques hauteurs médiocres, où furent poftées les vedettes de notre pe-tite troupe d'houffards, qui à peine faifoient quatre cents chevaux; l'infanterie commen-çoit vis-à-vis le village de Staudentz, et

rangeoit le long des villages d'Ober-et Un-
ter-Ratfch : l'aile gauche de la cavalerie
aboutiffoit au défilé, qui vient de la petite
ville d'Eipel, et qui ne fe termine que
dans les mêmes villages. De l'autre côté
du défilé étoient des hauteurs, dont quel-
ques-unes dominoient cette aile, mais le
bataillon de Kleift grenadiers, qui y prit
fon pofte et s'y retrancha, nous garan-
tiffoit des infultes des pandoures, dont tout
le bois de Kœnigsreich, que nous avions
en face, étoit rempli, et qui venoient ré-
guliérement toutes les nuits nous donner
l'alarme, quoique toujours à leur honte.
Les derrières de cette aile étoient des pro-
fondeurs, qui nous protégeoient affez contre un coup de main. Au delà du défilé
d'Eipel, et de cette ville, campoit à Sicher-
hof le Lieutenant-Général de Léwald avec
quatre bataillons et cinq efquadrons; mais
le Roi l'en retira le vingt feptiéme de
Septembre, et l'envoya du côté de Trautenau pour la fûreté de nos convois et de
notre boulangerie qui y étoit. Le Lieute-

nant-Général du Moulin avec son Corps fut envoyé au delà de Schatzlar et de son défilé, pour des pareilles raisons. Le Général Winterfeld rodoit avec un petit Corps volant sur les lisières de la Silésie, pour observer le Colonel Trenck qui y faisoit des excursions. Ce fut dont ici, que le Roi résolut de faire séjour, et de consumer les fourages et les vivres des environs; ce qui a été exécuté, mais non sans coup férir, puisque nous nous sommes battus, jusqu'à donner de tems en tems des espèces de batailles, pour chaque botte de paille qu'on portoit au camp.

L'ennemi, qui nous avoit laissé décamper tranquillement de Jaromirtz, et qui s'amusoit le dix-neuvième et le vingtiéme à faire des rejouïssances fort bruyantes sur l'élection du nouvel Empereur, s'avisa à la fin de s'approcher de nous, il s'établit les prémiers jours entre Jaromirtz et Schourtz, de l'autre côté de l'Elbe, et delà il vint poser son camp à Kœnigshoff, gardant toujours la rive droite de cette rivière.

Le Général Nadasty se tenoit sur notre gauche près du défilé de Liebenthal, éloigné de nous de deux heures. Le Corps de Desoffi étoit sur notre droite à Wildschutz; Franquini à Marchendorf vèrs Schatzlar; et Trenck sur notre derrière du côté de Schœmberg. Kœnigshoff n'étoit qu'à une lieüe et demie de notre droite, et l'ennemi en traversant la rivière à la même ville, pouvoit passer, ou s'il le jugeoit à propos, tourner le bois de Kœnigsreich, déboucher par le Gœren-Ground entre les villages de Deutsch-Prausnitz, Soor et Altenbouhl, et occuper ensuite les hauteurs qui dominoient notre flanc droit, et le grand chemin de Trautenau.

Telle étoit la position des deux armées, lorsqu'il nous vint le vingt-neuvième au matin un déserteur Autrichien, qui déposa, que l'armée du Prince de Lorraine étant munie de pain pour trois jours, se mettoit le même jour en marche, mais qu'on ne savoit pas vèrs quel endroit. On fut d'abord aux écoutes, et le Major-Général de Katzler fut commandé avec une grosse patrouille de cinq-cents chevaux, cinq-cents grenadiers et les houssards de Natzmer pour prendre langue : en attendant nous voulions faire encore le lendemain un fourage général. Monsieur de Katzler rapporta à son retour fort en avant dans la nuit, qu'il n'avoit pu rien découvrir, ayant été empêché par les pandoures et par les houssards, maîtres des défilés entre notre camp et Kœnigshoff; mais que les prisonniers, qu'il avoit fait, assûroient que l'armée marchoit vèrs Arnau.

Sur ces avis le Roi suppofant, que le Prince Charles vouloit effectivement marcher vèrs cette ville, y passer la rivière, et nous couper le chemin de Schatzlar, trouva à propos, de lever son camp et d'aller se poster entre Trautenau et Freyheit, pour traverser ses desseins.

Les ordres en furent donnés le trente de Septembre du matin, et l'armée devoit décamper à dix heures. Les Généraux du jour, qui venoient recevoir ces ordres, fortirent précisément de la tente du Roi, pour faire les arrangemens nécessaires, lorsque les gardes avancées de l'aile droite firent avertir, qu'on voyoit un gros de cavalerie et quelque infanterie sur les hauteurs de Deutsch-Prausnitz, et bientôt après; cette nouvelle fut non seulement confirmée, mais on y ajouta, que toute l'armée Autrichienne s'avançoit en plusieurs colonnes.

Il est à propos d'interrompre ici le fil de ma narration, pour Vous donner une idée de ces hauteurs: ce sont des grandes collines, qui chez nous pourroient fort bien passer pour des montagnes, entrecoupées par des chemins creux, petits marais et bosquets; elles vont toujours en haussant, de-sorte que ceux, qui sont vèrs l'Elbe et au delà du village de Soor, contigu à celui de Prausnitz, sont plus élévées que le reste; elles sont terminées à la droite, à parler selon la position de l'armée Autrichienne, par le grand bois de Kœnigsreich, et sur la gauche par la valée appellée le Gœren-Ground, qui regne en demi-cercle jusqu'au

village de Hohenbruck fur le chemin de
Trautenau.

L'ennemi , parfaitement inftruit des
avantages de ce terrain, étoit marché dès
le midi du vingt-neuviéme, laiflant fes bagages et fon camp tout dreffé à Kœnigshoff,
avoit défilé toute la nuit en partie par le
bois et en partie par les chemins qui mé-
nent à Soor et à Altenbouhl, et avoit occupé les dites hauteurs, fa gauche dépaflant
le village de Bourckersdorf, et fa droite
appuyée à Deutfch-Prausnitz, ayant garnis
fes ailes de batteries à gros canons et haubitz, et tout fon front de beaucoup de pièces de campagne. Ainfi fa gauche étoit
précifement fur notre flanc droit, le débor-
dant même; et notre armée fe voulant mettre en bataille, devoit naturellement fe former fous fon canon, et puis pafler fous le
feu non feulement de la gauche, mais auffi
d'une partie de fon centre. Cette pofition
étoit donc pour nous fort critique, et fu-
jette à bien des inconvéniens: cependant

on en a furmonté toutes les difficultés,
comme Vous l'allez voir.

Dès que le Roi ne put plus douter de
cette vifite matineufe et imprévuë, il fit
battre le tambour, et fonner à cheval. L'aile
droite de la cavalerie et particuliérement
nos gens-d'armes, furent les prémiers prêts
à fortir du camp, non-obftant que l'ennemi prenoit à tâche de les en empêcher par
fa batterie, qui tira jusque dans le camp;
et l'on peut dire que notre cavalerie fut
obligée de fe dêpecher vite à grands coups
de canon et de haubitz. Lorfqu'elle fut à
cheval, elle marcha par fa droite, et fut
fuivie de l'infanterie, en décrivant pour
ainfi dire un demi-cercle, dont le convexe
étoit vers l'ennemi, afin de ne lui donner
prife fur notre flanc. Ayant enfuite occupé le terrain le plus convénable pour l'attaque, la cavalerie fe forma, et quoique ce
terrain fût étroit et entrecoupé, comme
je l'ai dit, et la hauteur où fe tenoit l'armée Autrichienne affez roide, quinze efquadrons, fous les ordres des Majors-Généraux

raux Goltze et Katzler s'ébranlèrent,
essuyèrent tout le feu de la batterie et donnèrent tête baissée et bride abbattue dans
les esquadrons ennemis, dont il-y-avoit sur
cette aile cinquante cinq, rangés sur trois
lignes. La partie étoit fort inégale, mais
que peut le nombre contre la valeur et la
fortune? Cette poignée de cavalerie tomba si furieusement sur la prémière ligne de
celle de l'ennemi qu'elle la culbuta du prémier choc, et la chassa si vertement qu'elle mit sa seconde et troisiême ligne dans
la même confusion, et les entraîna tellement que ni l'une ni l'autre reparurent
plus. Car il ne faut compter pour rien
quelques foibles débris, qui se ramassèrent,
mais ne firent aucune résistance. Quelques esquadrons de ces fuyards furent en
même-tems poussés dans leur infanterie, et
ils causèrent des grands troubles, qui n'ont
pas peu contribué au succès de cette journée. Sur ces heureuses entrefaites, trois
bataillons de nos grenadiers eurent la noble
audace de donner l'assaut à la batterie, gar-

dée par quinze compagnies de grenadiers, foûtenus de toute l'infanterie Saxonne. Ils y perdirent fans miracle beaucoup de monde, ayant étés repouffés deux fois: mais étant renforcés à propos par les Regimens de la Motte et Blanckenfée infanterie, ils l'emportèrent à la troifiême attaque, et prirent la prémière ligne de l'ennemi en flanc; après quoi toute leur aile gauche fut délogée de cette hauteur, et le front des deux armées infenfiblement engagé. Notre centre et la gauche, que le Roi avoit refufé jusqu'ici, pour fe ménager une reffource, en cas que l'aile droite fût repouffée, s'avancèrent peu à peu par les environs de Bourckersdorff, mais trouvèrent partout un ennemi opiniatre et déterminé à difputer chaque pouce de terrain. Comme il en avoit effectivement l'avantage et beaucoup de monde, nos gens à chaque hauteur, et à chaque petit bois, avoient en face des troupes fraîches qui n'avoient pas encore combattu, et dont le feu étoit toujours préparé. En faut-il d'avantage pour laisser la patience la plus raisonnée? Bien d'autres y auroient échoués; mais nos soldats, accoûtumés à vaincre sous les yeux de leur Monarque, aulieu de se laisser rebuter, redoublèrent leurs efforts, ils grimpèrent vaillamment les hauteurs à travers une grêle de boulets et de bales, nettoyèrent un bois après l'autre, et s'avancèrent avec telle rapidité qu'ils furent bientôt à portée de se jetter sur les bataillons ennemis avec la bajonette. Le jeu leur parut trop rude, ils prirent le parti de ne plus disputer la victoire à des gens qui la meritoient si bien; ils commencèrent bientôt à plier, et puis à se sauver à toutes jambes vèrs le bois de Kœnigsreich, lequel étant tout proche, les déroba à notre poursuite. Cependant notre cavalerie de la gauche, qui au commencement de l'affaire n'étoit que de quinze esquadrons, et n'avoit par conséquent osé entrer en action, fut renforcée par plusieurs esquadrons de notre droite, qui n'avoit plus rien à faire; après quoi elle fit un petit détour vèrs le village de Deutfch-Prausnitz, pour tomber fur la droite de la cavalerie Autrichienne. Mais celle-ci fachant peut-être, qu'il-n'y-avoit plus rien à efpérer, et que fes efforts feroient inutiles, défiloit vite à travers le même village vèrs les bois de Kœnigsreich, pour fe mettre en fûreté, deforte que les Regimens de Rochow et de Bornftedt, (étant les prémières, qui montèrent les hauteurs de Prausnitz) voyant que la cavalerie s'echappoit, et que les Regimens de Damitz et de Collowrath infanterie, tâchoient de fe retirer en bon ordre, donnèrent deffus, les enfoncèrent, et leur prirent huit drapeaux, avec huit cents de prifonniers.

Cet exploit fut la cloiture de la piéce, et ce qui s'y fit dépuis, ne fut que des canonades de notre part, parceque les bois de Kœnigsreich, et les terribles défilés qui les environnent, nous empêchoient de pouffer plus loin. J'entends parler ici de la droite, et d'une partie du Corps de bataille des Autrichiens, car le refte du centre et l'aile gauche étoient déja bien loin, s'étant fauvés par les défilés qui font au delà du village de Soor.   Le tout alla à Kœnigshoff, ne fit que détendre les tentes, et recueillir les bagages, pour marcher encore la même nuit à l'ancien camp derrière l'Elbe à Jaromirtz.

Le Général Nadafly dans cette journée avoit ordre, de fe joindre au Colonel Trenck et de nous attaquer par derrière; Defoffy devoit tomber fur notre flanc droit;   et Franquini avoit le département de faire des abbatis d'arbre fur le chemin de Schatzlar, tant pour empêcher le Lieutenant - Général du Moulin de venir à notre fecours, que pour arrêter nos fuyards et rendre la fcéne plus fanglante.   Mais tout ceci ne fut exécuté que dans un feul point. Trenck arriva trop tard; Nadafly s'amufa à piller les bagages; Defoffy fut empêché par le Général Léwald, et par la défaite trop fubite de l'aile gauche; et le feul Franquini, n'ayant à combattre que des fapins et des chênes, vint à bout de fatisfaire aux ordres qu'il avoit reçûs.

Q iij

Vous voyez cependant par ces circonstances, qu'on rouloit des grands desseins:
on ne vouloit pas seulement nous battre, on
prétendoit même nous exterminer totalement: dessein, que le Dieu des armées a
confondu, pour montrer que c'est lui, qui
dirige les grands événemens comme les petits, et que la sagesse humaine ne fait
qu'échouer, quand elle n'est pas secondée
par ses bénédictions. Vous serez sans doute de mon sentiment, lorsque Vous pése-
réz tout ce que je viens de Vous détailler,
et que Vous verrez les deux ordres de bataille ci-joints, par lesquels il paroît mani-
festement, que l'ennemi étoit du double
plus fort que nous. On estime sa perte
entre sept à huit mille hommes. Il a laissé
sur le champ de bataille autour de deux
mille morts, et près de deux mille prisonniers; outre les blessés que nous avons
trouvés après la bataille dans les villages
voisins; il en a emmené quatre mille et
cinq cents: le nombre des déserteurs et
des débandés ne peut encore se fixer.

La cavalerie Saxonne n'a pas fouffert beaucoup, mais l'infanterie a été maltraî- tée, et principalement le Regiment du Prin- ce Xavier, qui s'eft fort diftingué.

Nous avons cinq à fix cents morts, et près de deux mille bleffés. Le Prince Al- bert de Brounfwic, Seigneur plein de cou- rage et de vivacité; le Major-Général Blan- ckenfée; et les Colonels de Blanckenbourg, Bountfch, Comte de Dohna, Lédébour; les Lieutenants-Colonels Wédel des Gardes à pied, et Brédow des gens-d'armes ont été tués. Entre les bleffés font le Major-Gé- néral Comte de Schmettow, le Colonel Forcade, le Major Kahlden et quelques autres Officiers de l'Etat-Major. Le Roi et toute fa Cour ont perdu leur bagages, par la faute de celui qui la conduifoit. Mais Sa Majefté trouve ce troc très-avan- tageux contre une victoire auffi complette et glorieufe que celle-ci.

Nous fommes encore dans le voifinage de Soor; une partie de l'infanterie canton-

ne dans les villages, le reste campe sur les hauteurs, comme aussi toute la cavalerie. Nous croyons marcher bientôt vèrs Trautenau, et puis de mettre fin à notre campagne. Je suis etc.

Du camp de Soor,
ce cinquiême d'Octobre,
1745.

Réflèxions
sur la Bataille de Soor.

L e caractère d'homme véridique dont je me pique, m'empêche de dire les cho-fes autrement qu'elles ne font; ainfi on ne fauroit trouver mauvais, que dans cette occafion j'en agiffe de même : que j'admire dans nos ennemis, ce que j'y trouve de lou-able, et que j'avoue ingenûment les petites fautes, dans lesquelles on peut être tombé de notre part.

Le deffein que le Prince Charles, ou tel autre Général qu'il Vous plaira, avoit conçu de nous furprendre, et les méfures prifes pour cet effet, ne peuvent qu'être approu-vées. Il favoit que nos forces étoient ex-trêmement diffipées; il étoit informé de la quantité et qualité de nos détachemens, de notre pofition génée, et de plufieurs autres inconvéniens, dont celui d'aller tous les deux jours au fourage, et de le gagner à la pointe de l'épée, n'étoit pas le moindre. Ses troupes légères sous les ordres de Nadasty, Trenck, Desoffy, et Franquini, tous partisans de mérite et de réputation, nous obsédoient partout, et il pouvoit être sûr que nous ne pouvions entreprendre le moindre mouvement, sans donner occasion à un engagement, sur lequel il avoit le loisir de se préparer, et de prendre ses mésures de loin, aulieu que nous étions réduits à celles que le hazard vouloit bien nous présenter. Pour cet effet il falloit se tenir près de nous, et c'est ce que fit le Général Autrichien en se plaçant à Kœnigshoff, d'où il pouvoit arriver en notre présence par une seule marche. C'étoit en tout sens l'endroit le plus propre à ses vûes. Il y étoit dans un camp sûr et commode. Il y apprenoit tout ce qui se passoit chez nous: aulieu que l'armée du Roi, étant derrière une grande forêt, et enfoncée entre les hauteurs, ne voyoit rien de ce que faisoit l'ennemi autour d'elle. Nos patrouilles ne pouvoient pas nous être d'une grande utilité; les petites ne pouvoient paſſer abſolûment, et les grandes étoient d'abord arrêtées et engagées dans des eſcarmouches, comme il arriva au Major-Général de Katz-ler, qui ne put jamais percer plus loin qu'à une petite heure de notre camp.

Le Général Autrichien ayant donc ſi bien diſpoſé ſes préparatifs, jugea avec rai-ſon, qu'il ne falloit pas trop attendre à mettre le feu à la mine, et il fit encore à cet égard tout ce qu'on peut prétendre d'un grand homme de guerre. Il s'appro-che pendant la nuit dans un grand ſilence de notre flanc droit, s'y établit en bataille rangée, place ſon canon auſſi avantageuſe-ment qu'il eſt poſſible, et attend le jour pour nous donner le réveil. Ne meritoit-il pas de réüſſir? Il le meritoit ſans doute par rapport à ſes arrangemens, et il auroit auſſi réüſſi je penſe, ſi trois fautes qu'il commit au point de l'exécution, ne lui euſſent ravi le prix de ſon habileté.

C'étoit à mon avis:

I^{mo}, qu'il ne nous attaqua pas d'abord, fans nous laiffer le tems, de revenir à nous; qu'il s'amufa de nous canonner de loin; qu'il nous permit de fortir par notre droite, ce qu'il pouvoit empêcher; et finalement, qu'il refta fur fes hauteurs, pour y recevoir plutôt la bataille que de la donner.

II^{do} Il fit fort mal, de ne pas déployer d'avantage fon aile gauche de cavalerie: car celle-ci s'étendant jusque fur le grand chemin de Trautenau, nous auroit totale-ment empêché de déboucher du camp au-trement, qu'en prêtant tout à fait le flanc; aulieu que ferrée comme elle étoit fur trois lignes, elle nous procura l'avantage, de la tourner en quelque façon, et de la pren-dre par fon propre flanc, d'où il arriva, que la prémière ligne ayant été rompuë et ren-verfée, les deux autres, n'ayant pas affez de terrain pour manœuvrer, devoient né-ceffairement être envęloppés dans la même difgrace, et mifes en confufion et dé-route.

IIItio Il fit une lourde faute, de ne pas
faire avancer fa droite à notre rencontre,
entre les villages de Prausnitz et Bourckersdorff: avec tant foit peu d'attention il auroit vu, que nous ne formions qu'une feule
ligne, que nous avions des preffantes raifons pour refufer la gauche, et que nous
faifions confifter notre feul efpoir et falut,
dans les efforts de la droite: ainfi il devoit
pouffer du côté de cette gauche, forcer
le peu de cavalerie que nous lui y oppo-
fions au commencement, fe jetter enfuite
fur le flanc et le derrière de notre unique
ligne d'infanterie, et s'affûrer par là de notre entière défaite.

Mais il négligea tous ces avantages, et
fe repofant, comme difent fes propres rélations, fur les exploits de Nadafly qui devoit nous attaquer par derrière, il laiffa
échapper le certain pour le douteux, comme l'évènement l'a fait voir affez.   Car
qu'on ne me dife pas que là faute de ce
Comte ait caufé la perte de la bataille.
Nous fommes en état de prouver, qu'in-

dépendamment de la rapicidité des troupes Hongroiſes, qui les entraînoit vèrs les bagages, Nadaſly n'étoit pas à-même de faire exactement ce que ſes ordres exigeoient de lui. Nous ſavons tous, que le Major-Général Schlichting étoit commandé avec cinq bataillons d'infanterie et cinq eſquadrons de cavalerie, pour faire l'Arrière-Garde dans notre marche, mais les incidens changeant cette marche en ordre de bataille, il reſla avec ſon détachement à la hauteur de notre camp, et à portée d'empêcher le Général Hongrois d'exécuter ſes deſſeins. D'un autre côté, le Lieutenant-Général de Léhwald accouroit par le grand chemin de Trautenau, avec quatre bataillons d'infanterie et cinq eſquadrons de cuiraſſiers, immédiatement après que notre aile droite avoit délogé la gauche de l'ennemi, deſorte que le Comte de Nadaſly, aulieu de nous entâmer par le dos, auroit eu aſſez d'occupation à pourvoir à ſon propre ſalut, et les deux Généraux Léhwald et Schlichting, s'étant réünis, auroient ſans

beaucoup marchander, attaqué et difper-
fé des gens qui craignent le feu réglé, et
qui n'aiment guères à fe battre de pied ferme; outre que l'expérience nous eft un
fûr garant que, fi le Comte de Nadafly
s'eft rendu redoutable, ce n'a pas été contre les Pruffiens. J'en conclus donc, que
le Général Autrichien s'eft conduit à mer-
veille, jusqu'au moment décifif; mais que
dans l'exécution il a gâté et anéanti, pour
ainfi dire, fon propre ouvrage.

Le Roi de Pruffe, s'il m'eft permis de le
remarquer, en a agi fort différemment.
Lorsqu'il vit qu'il s'agiffoit de combattre,
il fit tout ce qu'on peut attendre d'un
grand Capitaine; mais on ne peut difcon-
venir non plus, que cette brillante conduite n'ait été précédée de quelques démar-
ches, qui paroiffent un peu hazardées.
Avouons plutôt, qu'on a fuggéré aux ennemis l'occafion de former leurs pernicieux
projets.

En prenant le camp de Staudentz, on fe
lioit quafi les mains à foi-même, et en y

séjournant trop long-tems, on invitoit pour ainsi dire le Général Autrichien, à venir nous insulter. Je sai bien, que le dessein que le Roi avoit, de consumer les vivres et les fourages d'alentour, et de ruiner les contrées, l'arrêtoit. Mais n'étoit-ce pas trop, que de mettre cette vûe au niveau avec les dangers, qui en pouvoient résulter et pour l'armée, et qui plus est, pour la propre personne de Sa Majesté; ne devoit-on pas au moins chercher quelque position plus avantageuse et mieux protégée?

De plus il faut déterminer, si l'on souhaitoit le combat, ou si l'on avoit l'intention de l'éviter? Au premier cas il étoit nullement propre à un tel dessein; et au second cas, on voyoit clairement, que tant qu'on resteroit dans cette situation, il dépendroit du gré et du caprice de nos ennemis, de nous faire accepter la bataille, quelque envie que nous eussions eu de la refuser. On est donc naturellement porté à croire, que notre fermeté à rester dans le camp de Staudentz, a été un peu hazardeuse,

deuſe, et que nous euſſions mieux fait de choiſir un autre poſte, quand même ce n'auroit été que deux fois vingt-quatre heures avant le combat. Mais après tout, ne ſommes-nous pas en droit de ſuppoſer, que peut-être le Roi n'y voyoit pas autant de riſque que nous? Un génie ſupérieur comme le ſien, n'eſt étonné d'aucun cas, quelqu'épineux qu'il paroiſſe à d'autres: il ſait remédier à tout, et trouve tant de reſſources dans ſon eſprit, qu'il n'eſt jamais pris au dépourvû.

Le ſiécle préſent nous fournit un exemple dans la conduite du Prince Eugéne de Savoye, à la fameuſe bataille de Belgrade: on a critiqué cette action, mais elle eſt ſi brillante, qu'elle ſera toujours au deſſus du qu'en dira-t-on? Il en eſt autant de la journée de Soor; on aura beau raiſonner ſur ce qui l'a précédé, le refrein en ſera toujours, que le Roi y a égalé, et même ſurpaſſé les plus grands Capitaines de ſon tems. Surpris par ſon flanc par une armée de quarante mille combattans, environné de

II Part.   R

tout côté par une cohuë de troupes légères,
et n'ayant à leur oppofer que dix-huit à dix-
neuf mille hommes, en eſt-il deconcerté?
Point du tout: plus le danger paroît grand,
plus il tire de reſſources de fon habileté et
de fon courage. Qu'on ne s'imagine pas,
que ce Prince s'eſt étourdi fur le danger,
ou qu'il s'eſt aveuglément abandonné au
caprice de fa fortune. Bien loin delà:
car quoiqu'il n'ait quaſi qu'un moment à
s'arranger au milieu du bruit ordinaire en
pareils rencontres, il l'emploie ſi bien,
que fa difpoſition peut paſſer pour un chef-
d'œuvre, et pour la meilleure que l'on
puiſſe faire en pareil cas.

Ayant remarqué, qu'il ne lui reſtoit qu'un
petit terrain à la droite, pour oppofer avec
avantage quelque front à l'ennemi, qui nous
ménaçoit de plus près de ce côté, il y mé-
ne promptement fa cavalerie et quelque
infanterie, et fe propofe fans héſiter,
d'ouvrir la fcéne avec fa vigueur ordinaire,
et avec les précautions réquifes: pour cet
effet il refufe fa gauche, et ne veut pas

que l'engagement devienne général, avant
que la fortune se soit déclarée pour sa droite. Il profite avec dextérité de la faute du
Général Autrichien, il lui gagne le flanc,
aulieu que celui-ci le devoit naturellement
gagner sur nous: et cela fait, il l'attaque
brusquement, enfonce sa cavalerie, et se
fraîe par ce début vif et inattendu le chemin à une victoire complette. La cavalerie ennemie mise en déroute, lui offre l'occasion d'assaillir avec plus de liberté la grande batterie. Il y accourt, la prend par
des efforts extraordinaires, et tournant delà sur la gauche, il met toute cette aile dans
la dernière confusion. Après l'avoir dé-
pêchée, il songe avec une présence d'esprit
admirable, à son autre aile de cavalerie, il
lui envoie autant d'esquadrons, qu'elle en
peut avoir besoin pour être rendue égale à
celle de la droite de l'ennemi; et faisant
en même-tems déboucher le reste de son
infanterie, quoique sur une seule ligne, à
travers le village de Bourckersdorf et ses
environs, il attaque tout le front de l'armée

Autrichienne avec une rapidité étonnante.
Ce mouvement fut si bien compassé, et mis
en exécution si à propos, qu'il ne pût manquer de produire l'effet qu'on s'en étoit
promis. L'infanterie ennemie, malgré son
obstination et supériorité fut forcée, et la
cavalerie de sa droite se retira sans se com-
mettre. Il est vrai que cette retraite nous
parut du prémier coup d'œil un effet de lâ-
cheté: mais si l'on fait réflèxion, que cette
cavalerie avoit une fois laissé le tems à la
nôtre, de lui devenir égale, et même supérieure, par le renfort venu de la droite;
qu'elle savoit, que sa gauche étoit battuë,
le corps de bataille en déroute, et elle-
même dans l'impuissance de rétablir les
affaires; je ne sai si l'on peut la blâmer
d'avoir songé à sa conservation, laquelle
seroit devenuë fort équivoque, si après la
retraite de son infanterie, la nôtre, qui
s'avançoit à grands pas, l'eut prise par le
flanc, pendant que nos esquadrons l'eussent
combattuë par le front.

Ainsi le Roi eut une victoire des plus bel-
les et des plus complettes, et se couvrit de
lauriers d'autant plus estimables, qu'ils
n'étoient dûs qu'à son courage et à son habileté. Il est vrai que la valeur des troupes y contribua, mais l'ouvrier habile a
toujours soin d'avoir des bons outils, et le
Général entendu met son attention princi-
pale à se former de bons soldats, desorte
que nous sommes en droit de soûtenir, que celui, qui mène des braves gens
avec succès, doit s'en attribuer le prémier
la gloire, et que l'Officier et le soldat, qui
exécutent les projets et les arrangemens d'un
Capitaine judicieux, n'y tiennent que la
seconde place.

Lettre IIII.

Sur l'expédition en Saxe l'an 1745.

Je Vous envoie ci-joint la rélation de notre courte mais belle expédition en Saxe. Si elle ne Vous paroît pas aſſez détaillée, Vous en devez accuſer le peu de tems que Vous m'avez laiſſé pour la dreſſer. Toutefois Vous pouvez être aſſuré, Monsieur, qu'il-n'y-a-rien d'eſſentiel d'oublié, et qu'elle eſt à l'abri de tout reproche à l'égard de ſa vivacité. Un ami m'a communiqué deux écrits, que je cite par-ci par-là, et qui peuvent ſervir en quelques endroits de ma narration comme des piéces probatoires. L'un eſt un recueil de lettres tant du Roi de Pruſſe, que de ſon miniſtre le Comte de Podewils et Monsr. de Villers, Envoyé de la Cour de Londres à celle de Dresde; elles roulent ſur les négocia-

tions de paix, à laquelle l'Angleterre tra-
vailloit avec chaleur: L'autre eſt un Ma-
nifeſte apologique, attribué à Monsr. le
Comte de Routowsky, et cette pièce nous
expoſe à découvert les miſtérieux deſſeins
des deux Cours de Vienne et de Dresde
contre la nôtre, avec leurs projets ſangui-
naires pour une Campagne d'hivèr.

Rélation
de la dernière Campagne en Saxe
en 1745.
jusqu'à la paix de Dresde.

Le Roi de Prusse avoit exécuté le plan dès l'entrée de la Campagne en 1745. Après avoir battu près de Friedberg l'armée combinée sous les Princes de Lorraine et de Weissenfels, il avoit transporté le théâtre de la guerre en Bohème; il-y-avoit fait subsister son armée jusque vèrs le milieu du mois d'Octobre, et ayant rémporté pour couronner son ouvrage, la célébre victoire de Soor, il avoit fait ravager et ruiner autant qu'il falloit les provinces limitrophes de la Silésie, pour empêcher le Prince de Lorraine de s'y établir, et de troubler nos quartiers d'hivèr. Il alloit donc donner du repos à ses troupes, et supposoit avec raison, qu'en barrant, au moyen d'abbâtis ou de grands postes d'infanterie, les paſſages, par où les partis ennemis ſe pourroient gliſſer, il pouvoit attendre tranquillement ou la future Campagne, ou la paix, qui ſe négocioit. Sa Majeſté avoit d'autant plus lieu de s'attendre au dernier de ce deux événemens, qu'elle ſavoit que les Puiſſances maritimes preſſoient extrêmement les Cours de Vienne et de Dresde, d'accéder à la convention d'Hannovre, concluë ſur le pied du traité de Breslau, et ſignée le 26me d'Août par les Miniſtres de la Grande-Bretagne et de Pruſſe; et que d'un autre côté, les rapides progrès de la France et de l'Eſpagne, tant en Flandre qu'en Italie, ne laiſſoient quaſi d'autre parti à prendre à la Reine d'Hongrie et à ſes alliés.

Nous décampâmes donc de Trautenau le ſeiziême d'Octobre, et ayant franchi, quoiqu'avec peine et quelque petite perte, les terribles défilés de Schazlar, nous vînmes camper le même jour entre cette ville et celle de Liebau. On ne s'y arrêta que juſ-

qu'au dix-neuviême, auquel jour toute l'armée, à l'exception d'un gros détachement
fous les ordres du Lieutenant - Général du
Moulin, quitta les tentes, et alla fe cantonner, la cavalerie dans les plaines de
Schweidnitz et de Strigau, et l'infanterie
en avant au pied de la montagne, après
avoir pouffé d'autres détachemens vèrs les
villes de Hirfchberg et de Greiffenberg,
contiguës à cette langue de terre affez étroi-
te, qui de la Bohème s'avance en Siléfie et
la Luface. Le Roi prit fon quartier à
Ronftoc près de Friedberg, régla les quartiers d'hivèr, et fixa le 10. de Novembre,
pour que chaque Regiment pût alors aller
s'établir, et fe mettre en état de reparoître
au printems prochain, en cas que la paix
ne fe fît point. Après quoi Sa Majefté prit
le chemin de fa réfidence, laiffant le commandement de l'armée au Feld- Maréchal
Prince Léopold. Le Lieutenant- Général
de Naffau et le Major-Général d'Hautcharmoi, étoient encore avec leurs Corps vo-
lans dans la Moravie, et eurent foin d'em-

pêcher les gros partis Hongrois de pénétrer
et de butiner le plat païs.

L'armée qui avoit été fous les ordres
du Prince regnant d'Anhalt dans le Magdebourg, s'étoit feparée dés le quinzième
d'Octobre.   Celle des Saxons *) près de
Leipzig avoit fuivi fon exemple, avec cette
différence pourtant, qu'elle pouvoit fe raf-
fambler en deux fois vingt-quatre heures,
aulieu que nos Regimens étoient difperfés
de façon, à ne pouvoir fe rallier qu'au bout
de huit à dix jours **).   Le Prince Charles
de Lorraine, après nous avoir laiffé repaf-
fer nos frontières, fans mettre en mouvement fon armée qui campoit aux environs
de Jaromirtz, faifoit cependant repandre le
bruit, qu'elle iroit auffi prendre fes quartiers d'hivèr; que plufieurs Regimens avoient
défilé vèrs la Moravie, d'autres vèrs l'in-
térieur de la Bohème, et quelques-uns vèrs
les cercles de Bountzlau et de Leitmeritz:

*) Voyez les mémoires de Routowsky.
**) Voyez les mémoires de Routowsky.

mais le Prince Léopold, qui ne vouloit pas être la dupe de cette feinte tranquillité, n'épargna aucun soin, pour se mettre au fait des véritables intentions du Général Autrichien; il découvrit bientôt, qu'un Corps confidérable des troupes légères, soûtenu d'un gros détachement de cavalerie et d'infanterie réglée, s'avançoit vèrs Bœhmifch-Friedland, et que l'armée le fuivoit à petites journées en deux colonnes, dont l'une prenoit quafi le même chemin, et l'autre celui de Zittau. On fut de plus qu'on établiffoit des magazins dans les deux Lufaces, et qu'un Corps de dix mille Autrichiens, fous les ordres du Lieutenant-Général Comte de Grune, venoit de l'armée du Rhin, par la Voigtlande, dont la déftination devoit naturellement rouler fur tout autre chofe que fur les quartiers d'hivèr. Ainfi aulieu d'y faire entrer l'armée du Roi, le Prince Léopold la fit fortir de fes cantonnemens, et la mit plus bas vèrs le Bober et Queifs, pour prévenir l'ennemi, en cas qu'il voulût faire des tentations du côté de

la Lusace, n'étant pas naturel, qu'il fît tant
de préparatifs sans un objet de grande importance. Le Prince en donna avis au Roi,
et Sa Majesté faisant de son côté éclairer
la marche du Comte de Grune, elle apprit,
qu'il la dirigeoit vèrs la Saxe, pour tomber
de là directement sur Berlin; tandis-que
d'une part le Prince de Lorraine perceroit
par la Lusace vèrs Sagan et Crossen, pour
nous couper la communication d'avec le
Brandenbourg, et donneroit de l'occupation au Prince d'Anhalt, qui n'auroit pu
s'opposer que difficilement à cette invasion,
à cause que son armée trop dispersée
n'auroit pu se rallier à tems *).

Voyant donc clair dans les desseins de
ses ennemis, le Roi ne balança plus de prendre l'offensive plus-tôt qu'eux: Il fit d'abord
rassembler l'armée du Prince d'Anhalt aux
environs de Halle, et lui-même il partit
de Berlin le 16 Novembre, pour se mettre
à la tête de ses troupes en Silésie, lesquelles
*) Voyez les mém. de Routowsky.

cantonnoient à son arrivée entre Bountzlau et Lœwenberg, le long du Bober.

Dès-qu'il y fut, il fit revenir à lui le dé-tachement du Lieutenant-Général du Mou-lin, et celui du Lieutenant-Général de Bo-nin, qui avoient été du côté de Landshout, Hirschberg et Greiffenberg, et donna en même-tems ordre aux Généraux de Nas-sau et d'Hautcharmoi, de descendre de la Haute Silésie à la Basse, et de couvrir les frontières et les montagnes, que les Corps surmentionnés venoient de quitter. Ayant été ensuite informé, que tout ce qu'on supposoit des intentions des ennemis, étoit exactement vrai, et qu'on avoit de plus ou-vert plusieurs routes pour la marche d'une armée, tant vèrs Bountzlau et Sagan, que vèrs Crossen et le païs de Brandenbourg: il se mit en mouvement le vingt-deuxième, et arriva le vingt-troisième à onze heures du matin au rendez-vous près de Naum-bourg sur le Queiss. L'armée étoit forte de trente-cinq mille combattans. Nous passâmes cette petite rivière le même jour à une heure après-midi, l'infanterie par des ponts, et la cavalerie par des gués, et entrâmes ainfi en Saxe. Au milieu du paffage les troupes légères de notre droite en vinrent aux prifes avec un gros d'Ulans, qui fe retirèrent bientôt; mais les houffards de Ziethen et de Ruefch, qui avoient paffé à la gauche, trouvèrent au village de Catholifch-Hennersdorf trois Regimens de cavalerie, et un Regiment d'infanterie Saxons, qui y cantonnoient avec affez peu de précaution, deforte que nos gens profitant de cette bonne occafion, pouffèrent fans peine leurs foibles piquets, et entrèrent à l'un des bouts du village, faifant d'abord quelques prifonniers et beaucoup de butin. Cependant l'amour du pillage amufa trop les houffards, et procura aux Saxons le loifir, de fe former à l'autre bout du même village, qui eft exceffivement long; auffi y firent-ils ferme, et fe feroient apparemment retirés en bon ordre et fans perte, fi le Roi n'avoit détaché au plus vîte dix efquadrons de cuiraffiers et deux bataillons de grenadiers, pour foûtenir les houffards. Le Lieutenant - Général de Rochow et le Major-Général de Katzler, qui menoient ces dix efquadrons, débouchèrent par un rude défilé à travers d'un bois, et trouvèrent la troupe ennemie en bataille, la cavalerie à la gauche et l'infanterie à la droite, derrière une haïe, qui empêchoit nos efquadrons d'approcher et de leur arracher l'avantage qu'ils avoient, d'avoir le flanc protégé par cette haïe, auffi bien que le front de fa cavalerie. Le défilé que les nôtres avoient à franchir, ne leur permit pas d'entrer d'abord en action. Le Général de Katzler l'avoit paffé avec trois efquadrons affez foibles de Bornftedt, et tiroit un peu fur la droite, tant pour gagner la gauche de l'ennemi, que pour laiffer à ceux qui le fuivoient, affez de terrain pour fe former avantageufement au fortir du défilé; mais deux ordres réïterés du Lieutenant-Général de Rochow, l'obligèrent à commencer fans différer le choc, avec fon peu de monde contre fix efquadrons, dont chacun étoit de

de cent et cinquante maîtres, et qui plus
eft, foûtenus par le feu de leur infanterie.
Il y alla avec toute la chaleur poffible; mais
comme d'un côté, il étoit débordé à fa
droite, et que de l'autre il avoit un grand
feu de moufqueterie à effuyer, il fut re-
pouffé, et contraint de reculer au delà de
mille pas où il fit halte, et forma dérechef
fes trois efquadrons fort délâbrés, s'étant
enfuite renforcé de fept efquadrons, qui
achevoient de fortir du défilé, il marcha
une feconde fois à l'ennemi, le rompit, et
le défit entièrement.   Nos houffards pour-
fuivirent alors les fuyards, en tuèrent grand
nombre, et firent beaucoup de prifonniers;
pendant que le Lieutenant-Général de Rochow faifoit fes difpofitions pour entâmer
l'infanterie, qui venoit de former le quarré. Elle fit d'abord mine, de vouloir fe
vendre chérement; mais le Major-Général
de Polentz, arrivant là-deffus avec deux
bataillons de grenadiers, et lâchant quelques volées de canon fur le quarré, il fe
troubla et s'ouvrit, deforte que la cavalerie

II Part.   S

y entra: tout ce qui ne fut pas massacré dans la prémière chaleur, se rendit à discrétion. Outre l'avantage d'avoir si bien débuté, nous prîmes quatre canons, trois etendarts, deux paires de timbales, trois drapeaux, beaucoup de munition et neuf cents et quatorze prisonniers, entre lesquels se trouvèrent le Major-Général Bouchner, le Colonel Obyrn, et vingt-six autres Officiers. Les Regimens Saxons de ce quartier étoient Saxe-Gotha infanterie, et Vitzthoum, Obyrn et Dallwitz cavalerie.

Le même soir du vingt-troisième toute l'armée, ayant achevé de passer le Queiss, campa près de Hennersdorf; et le lendemain vingt-quatrième, elle marcha pendant un terrible brouillard à Trotschendorf et Lichtenberg: nous trouvâmes sur la route grand nombre de caissons tant Autrichiens que Saxons fracassés, et les munitions éparpillées par terre. Nous apprîmes aussi par les gens du païs, que l'armée ennemie s'étoit rassamblée à Gœrlitz, à dessein de nous y recevoir en bataille rangée.

Néanmoins notre Avant-Garde, compo-
fée de tous les houffards et de quelques bataillons de grenadiers, s'en étoit approchée
la nuit du vingt-quatriême, et fut fuivie le
vingt - cinquiême par la cavalerie de l'aile
droite, et puis de l'armée entière. On
fomma la ville, et elle fe rendit avec fa
garnifon, qui confiftoit de trois-cents hommes d'infanterie Saxonne, commandés par
un Major et deux Capitaines: On y trouva
un bon amas de fourages et de provifions
de bouche, et l'on campa ce jour aux environs.

L'armée ennemie aulieu de nous attendre, fe hâtoit de gagner la petite rivière de
la Neiffe, pour s'en couvrir et nous en
difputer le paffage. Le Roi de fon côté
ne jugeant pas à propos, de lui laiffer le
tems de revenir de fa furprife, fit continuer
la marche à fes troupes le vingt-fixiême,
prit chemin faifant quelques petits magazins, et vit en arrivant aux bords de la Neiffe, que le Général Autrichien avoit décam-

S ij

pé à la sourdine, et pris le chemin de Zittau. Sa Majesté détacha d'abord une forte Avant-Garde, composée de Dragons, grenadiers et houssards, sous les ordres du Lieutenant-Général de Bonin, et les Majors-Généraux de Winterfeld et de Kleist, pour fixer l'ennemi, s'il étoit possible, à un engagement général, ou pour le harceller dans sa retraite. Le détachement eut le bonheur, d'atteindre sur le soir l'armée combinée, qui avoit passé Zittau et s'étoit établie sur les hauteurs de l'autre côté vèrs le chemin de Gabel. Comme elle étoit fort supérieure quant au nombre, et postée avantageusement, les nôtres se contentèrent de chasser vèrs elle ses troupes légères, et de prendre à sa vuë possession de la ville et de ses fauxbourgs, pour s'y maintenir le lendemain en cas d'attaque, et pour procurer au Roi le loisir d'arriver avec toute son armée. Mais les troupes ennemies étoient trop dégoûtées, pour que leurs Généraux fussent en état de les faire marcher en avant. C'est pourquoi ils prirent

...parti, de lever les piquets à deux heures [a]près minuit, et de se retirer en Bohême par les défilés de Gabel.

Notre détachement ne l'ayant su qu'à la petite pointe du jour, sortit de la ville, pour retarder leur marche; mais comme ils faisoient grande diligence, et qu'ils avoient pris toutes les précautions usitées en pareil cas, en mettant à leur Arrière-Garde ce qui leur restoit de meilleur, on fut obligé de se contenter de quelques prisonniers, et de mille et cinq-cents chariots, qui la plûpart furent pillés par les païsans d'alentour, soit Saxons, soit Bohêmiens. Cependant la perte que les ennemis ont faite à cette occasion, n'est pas petite. Ils y ont perdu un monde considérable, tant par les maladies que par la désertion. Ils y ont laissé au delà de la moitié de leurs bagages, et ce qui est plus important, tout le fruit d'une expédition, dont les apprêts ont dû leur coûter beaucoup de dépense.

Après la prise de Zittau, et l'évacuation de la Lusace par l'armée combinée, le Roi établit son quartier à Gœrlitz, et ne perdant point de vûe l'ouvrage de la paix, dont il souhaitoit couronner ses travaux, il fit tout son possible pour y engager la Cour de Dresde, soit séparément, soit conjointement avec celle de Vienne. Mais ces deux Cours, ayant des vûes moins pacifiques, et espérant beaucoup du Corps du Comte de Grune et de l'armée Saxonne, commandée par le Comte Routowsky, firent des propositions si peu acceptables, que le Roi se vit contraint à se défaire du caducée, et à reprendre le fil de ses opérations militaires *).

Sa Majesté donc ayant envoyé ordre au Prince régnant d'Anhalt (qui dès le vingt-troisième Novembre avoit rassemblé son armée, forte de vingt-quatre mille combattans) de commencer l'offensive du côté de Leipzig, marcha elle-même, avec ses trou-

*) Voyez les mém. de Routowsky.

pes vèrs Boudiflin pour s'approcher de
l'Elbe, et pour la paſſer s'il étoit nécef-
faire, lorsque le Prince d'Anhalt feroit à
portée.   Une Avant-Garde de trente eſquadrons de cavalerie et dix eſquadrons d'houſ-
fards, avec dix bataillons d'infanterie, commandée par le Lieutenant-Général de Léhwald, prit les devants, et devoit s'aſſûrer
du pont de Meiſſen, pour ſe joindre enfuite au Prince aufſi-tôt qu'il en auroit befoin, et le mettre en état de bruſquer les
affaires.   Cette manœuvre étoit d'autant
plus néceſſaire, qu'il étoit conſtant que le
Corps du Comte de Grune, avancé déja
vèrs les frontières du Brandenbourg, avoit
rebrouſſé chemin après l'affaire de Hen-
nersdorff, et s'étoit joint au Comte de
Routowsky ; et que d'un autre côté, le
Prince Charles de Lorraine, avec ſon Corps
d'armée, cottoyant les frontières de la Saxe,
faiſoit état d'y déſcendre par Peterswalde
le long de l'Elbe, pour renforcer les Saxons
et tomber enſuite ſur le Prince d'Anhalt,
auquel ces troupes réünies auroient été ex-

trémement fupérieures. Le Roi de Pologne, fon Miniſtère et la Cour, voyant le pré- mier plan anéanti, et les moyens de redreſ- fer les affaires aſſez douteuſes, s'étoient en attendant retirés à Prague, et notre Monar- que continuant ſa marche à petites journées, arriva au bord de l'Elbe près de Meiſſen le quatorziême de Décembre.

Il ſera à propos que nous le quittions pendant cette marche, et que nous allions détailler les opérations du Prince d'Anhalt, dépuis le vingt-neuviême de Novembre juſ- qu'au quatorziême et quinziême de Décem- bre, époque, qui apporta le dénouëment à cette importante affaire. Ce Prince ſe- lon les ordres du Roi, étoit décampé de Halle, la nuit du vingt-neuviême de No- vembre, s'étoit porté vèrs Skeuditz, où le Général de Sybilsky avoit ſon poſte avec un gros détachement d'Ulans et de chevaux légers. Notre Avant-Garde le délogea ai- fément, et à trois heures après-midi toute l'armée ſe préſentoit à la vûë du fameux

retranchement fous Leipzig. Le Lieutenant-Général Comte de Rénard le gardoit
avec un nombre de troupes peu propor-
tionné à fon étendue: c'eft pourquoi il prit
le parti de l'abandonner et de fauver fon
monde, faifant fa retraite par le village de
Schœnfeld, pour mettre le marais entre lui
et notre armée. Pendant la nuit, il quitta
tout-à-fait les environs de Leipzig, et alla
joindre le Comte de Routowsky, qui fe
tenoit fous Dresde. Les mémoires qu'on
attribue à ce Comte, et que je cite fouvent,
blâment fort la réfolution que prit le Comte Rénard dans cette rencontre. Mais
comme il a la réputation d'un brave et bien
entendu Officier, on eft obligé moralement
de croire, que fes raifons étoient bonnes
et preffantes, et qu'une fermeté déplacée
l'auroit pu mettre au rifque d'une défaite
totale.

Après fon départ rien n'empêcha le Prince d'Anhalt, de s'emparer de Leipzig, auffi
le fit-il. Les Magiftrats étant fommés

n'héfitèrent pas un moment, à rendre la ville par compofition, et le Prince en ayant fait prendre poffeffion par quatre bataillons de grenadiers aux ordres du Major-Général Bofe, il détâcha le prémier de Décembre une Avant-Garde de tous fes houffards, et huit efquadrons de cavalerie, fous le commandement du Major-Général de Brédow, pour occuper le pont de Eulenbourg.

Le troifiême le Prince fuivit avec l'armée, et la fit cantonner dans le voifinage de cette ville.

Le quatriéme le Lieutenant-Général Prince Maurice d'Anhalt, fut envoyé avec quatre cents houffards à la découverte vèrs Torgau; il en revint vèrs le foir, et rapporta qu'il-y-avoit un bon magazin, mais point de troupes, fi-non trois Compagnies de milice, commandées par un Major à la garde de la tête du pont de l'autre côté de l'Elbe.

Le cinquiéme, le Prince détacha le Major-
Général de Kalnein, avec quatre bataillons
de grenadiers, et quelques centaines d'houffards, pour fe faifir du magazin et de la
ville de Torgau.

L'armée y arriva le fixiéme, et comme
le Major Saxon fe rendit de bonne grace
avec fes miliciens, le Prince eut l'avantage
d'être affûré par-là d'un point de communication avec l'armée du Roi, ayant trouvé le
pont de Torgau en très-bon état. On s'y
arrêta jusqu'au dixiéme, à caufe que le
pain de munition vénant à manquer, on
fut obligé, d'en faire cuire pour quelques
jours.

L'ordre du Roi, de fe porter en diligence vèrs Meiffen, ayant été réïtéré, le Prince fe rémit en marche l'onze, et arriva la
nuit à Strehlen, d'où il détacha le douziéme
du grand matin le Général Comte de Gesler, avec trois cents houffards, fept efquadrons de cavalerie, et quatre bataillons de

grenadiers., pour ſe jetter dans Meiſſen.
Le Général Gesler trouva la place bien oc-
cupée par le Major-Général d'Alembeck
et pluſieurs Compagnies de grenadiers, lequel ayant été ſommé, donna pour réponſe,
qu'on enverroit à Dresde demander les
avis du conſeil de guerre. Le Prince arrivant la-deſſus avec la tête de l'armée, re-
fuſa tout délais, et Monſieur d'Alembeck
ſentant qu'il ne ſeroit pas le plus fort, eut
la complaiſance de vuider la place à la ſour-
dine, et de ſe retirer avec ſon monde vèrs
Dresde: Démarche, qui a été fort deſap-
prouvée par les mémoires ci-devant allé-
guées, à cauſe, y dit-on, qu'un détachement de troupes et d'artillerie marchoit
actuellement à ſon ſecours *). Il eſt ſûr,
que ſi la garniſon avoit marqué plus de fermeté, et qu'on eût entiérement rompu le
pont, la jonction du Prince avec le Corps
que ménoit le Général Lehwald, auroit été
reculée de pluſieurs jours. Le Prince de
Lorraine, qui venoit à grandes journées, au-

*) Voyez les mémoires de Routowsky.

... tout de ... possible de joindre le
... te de ...y, et de l'arranger sous
lui ; ... l'Armée ... être ...
... contraint à reprendre la route de l'Est-
... pour se conforter ... cela seule continua
... l'armée du Roi. Il est vrai
... de Général ...wald, ...
... son détachement de l'autre
... l'Elbe, quelques jours avant l'arri-
... bientôt l'impossibilité de
... ; tout ce qu'il put faire,
... honneur les plus
... Tenir la ville de quelque...
... plutôt ... que ...
... qu'il ne fut au ...
... que si l'on avait
... seulement
... on
... années dans la nécessité
... passage de l'argent
... Mais même
...
...
... pour donc

on n'avoit ôté que quelques planches, et fit paſſer ſans délai le Corps de Léhwald, qui le mettoit à même d'aller chercher les ennemis.

Cependant la cavalerie et les bagages de ſon armée, avoient fait halte le douzième, dans la petite plaine de Zehren, à l'entrée du défilé, lequel commence à quelques centaines de pas du village du même nom. On le paſſa le treizième, et le Lieutenant-Général Sybilsky, qui avec ſa cavalerie légère ſe tenoit caché dans les montagnes de Lommatſch, ayant remarqué, qu'on avoit negligé l'Arrière-Garde, et que l'entrée du défilé n'étoit point protégée par quelque infanterie, tomba deſſus, et y cauſa un aſſez grand deſordre, qui fit perdre la vie au Lieutenant-Général de Roel, et une partie conſidérable de leur bagage aux Officiers de l'armée. L'ennemi outre cela, prit une couple d'etendarts, deux timbales, et fit cinquante et quelques Dragons priſonniers.

Le paffage de la cavalerie par Meiffen, dura jusque dans la nuit du treiziême au quatorziême, et l'infanterie fortit la même nuit de la ville toute entière à la réferve d'un feul bataillon grenadiers, qui fe poffa fur la hauteur de Sieben-Eichen, où toute l'armée inclufivement du Corps de Lehwald fe mit à repofer quelques heures.

Le quatorziême on fe mit en marche en quatre colonnes, et l'on fe poffa près du village de Rœhrsdorf en ordre de bataille.

Le lendemain quinziême de Décembre, on continua la marche en quatre colonnes, et on laiffa à gauche la petite ville de Wils- drouff. L'Avant-Garde toute compofée d'houffards, commença à efcarmoucher avec le Corps de Sybilsky en cet endroit: et après une bonne démi-heure de marche, on apperçut l'armée ennemie en front de bandière fur les hauteurs de Bennerich et Keffelsdorf, de façon que l'aile droite étoit devant Bennerich, et la gauche derrière

Keſſelsdorf, que le Comte de Routowsky avoit garni de ſept à huit bataillons de grenadiers, tant Autrichiens que Saxons, et d'un bon nombre de canons. Toute ſa prémière ligne et la plus grande partie de la ſeconde, ſavoir depuis l'aile gauche jusqu'au centre, étoit infanterie. Le reſte de la ſeconde ligne, comme auſſi la troiſiéme toute entière, conſiſtoit en cavalerie. Les batteries du front et des flancs de Keſſelsdorf, étoient ſoûtenuës à la droite par douze eſquadrons de Dragons, et à la gauche par le Corps de Sybilsky et quelques Compagnies de grenadiers, poſtés dans des ravins et chemins ceux. L'aile gauche commença derrière ce village, tirant vèrs celui de Zœlmen: elle étoit encore couverte par une autre grande batterie; le centre derrière Zœlmen avoit devant ſon front un marais et deux batteries. La droite devant le village de Bennérich, étoit fortifiée d'une batterie et du valon de Ztſchon, qui rendoit ſon abord presque impoſſible. Un peut plus haut à la droite, entre les villages

de

de Ockerwitz et Briséwitz, se tenoit le Corps du Comte de Grun, à l'exception de deux Regimens de cavalerie, savoir Bentheim et Hohenzollern, lesquels faisoient l'aile droite de la seconde ligne des Saxons.

Le Prince d'Anhalt ayant examiné la position de l'armée ennemie, se détermina pour l'attaque de la gauche, bien sûr de la victoire, s'il pouvoit parvenir à s'empârer du poste de Kesselsdorf, et de gagner moyennant cela le flanc. Conséquemment à ce dessein, il rangea son armée, desorte que la droite de sa cavalerie passoit le front du village, entre le chemin des princes et le bois nommé le Lerchenbusch; que toute l'infanterie faisoit deux lignes entre ce petit bois et le grand bouleau, sur le chemin de Wilsdrouff; et que la cavalerie de la gauche remplissoit l'entre-deux entre le chemin et le village de Rœtsch, faisant ainsi front de toute l'étenduë de l'armée Saxonne, et ne s'embarrassa guères du Corps du Comte de Grune, lequel à force de

T

chercher un poste inaccessible, s'étoit tellement couvert de ravins, marais et défilés, qu'il lui étoit impossible d'en sortir pour faire un mouvement en avant. Il étoit alors deux heures après-midi, et le peu de durée du jour ne permettant pas des arrangemens superflus, le Prince se hâta de commencer l'attaque du village par trois bataillons de grenadiers sous les ordres du Major-Général de Hertzberg, suivis de trois bataillons du Regiment d'Anhalt, et soûtenus par cinq esquadrons du Regiment de Bonin Dragons, comme ceux-ci furent à leur tour soûtenus par cinq esquadrons de Stille cuirassiers. Ils y allèrent en braves gens: mais le feu de trente canons bien servis, et celui de sept bataillons de grenadiers, dont le village étoit farci, fut si meurtrier, qu'on fut obligé de faire un peu à droite, pour ne pas sacrifier toute la troupe d'un seul coup. On recommença pourtant la même attaque, mais elle fut encore malheureuse, ce qui enhardit les grenadiers ennemis à en sortir, pour mieux

...er les assaillans, on peut-être pour se
... de leur... de campagne. Tan-
...a, que cette ... ... leur perte et non
... le salut. ... Car le Prince ayant ordonné aux
Dragons de Bonin, de se précipiter bride
abattue sur les grenadiers, ils en furent
bientôt... les culbutèrent, entrèrent
pêle-mêle avec eux dans le village, et y fi-
...ent une horrible boucherie, pendant que
quelques bataillons s'emparèrent des bate-
...ries... qui s'y poste, et que le Régiment
... laissant Kesseldorf à
... dans les défilés et des hauteurs se
... d'infanterie Du de cavalerie, et
... jusque sur le flanc de leur armée.

Sur ces... tout notre front la
... prit, et l'affaire devint à peu
... aile droite de notre in-
... le village et les environs,
... les Réserves de l'ennemi qu'elle
... devant elle... mit la confusion dans
... deux... d'autant plus que
... cette même droite achevoit

non seulement de gagner le flanc, mais
aussi de tourner sur leurs derrières, n'ayant
rencontré que peu de vigueur dans la plûpart des esquadrons ennemis, qui dès les
premiers chocs plièrent et prirent le large.
Ce mouvement fut accompagné de celui
du centre et de la gauche: on détacha de
cette dernière quelques bataillons, qui se
postèrent vèrs Zœlmen et s'y maintinrent
malgré la difficulté du terrain, et du feu
terrible de l'artillerie Saxonne, qui battoit
leurs flancs. Peu après, toute la ligne s'avança a travers lés marais entre Kesselsdorf,
Zœlmen et Bennerich, attaqua le centre et
la droite de l'ennemi, et les mit en déroute sans trouver beaucoup de résistance;
léur aile gauche se trouvant déja pleinement
en deroute. Il restoit encore cinquante
esquadrons sur les hauteurs derrière Zœlmen, qui auroient pu causer quelque mal,
s'ils s'étoient jettés sur nos bataillons, lesquels ayant passé les ravins derrière le village à la hâte et sans se rallier, montoient
vèrs ces hauteurs par troupes debandées.

Mais le feu quoiqu'irrégulier, qu'ils firent
en fe portant rapidement vèrs cette cavalerie, la déconcerta tellement, qu'elle fit
volte face et ne fongea qu'à fe fauver:
tandis que le Corps du Comte de Grune,
ayant été jusqu'ici tranquille fpectateur, ré-
trograda de-même, et alla groffir le nombre des fuyards. Ainfi la défaite des ennemis fut entière. Nous eûmes l'honnenr
de la journée, le champ de bataille, une
artillerie nombreufe, et quelques milles de
prifonniers, parmi lesquels on comptoit
quatre Généraux et une bonne quantité
d'Officiers de tout grade.

La cavalerie de notre gauche a été pendant prefque tout le combat dans une in-
action totale, à caufe du valon de Ztfchon,
qui étoit vis-à-vis d'elle, et qui étoit im-
praticable. Elle fut obligée d'attendre,
jufqu'à ce que l'infanterie fe fut fait un
paffage du côté de Zœlhnen, et alors elle
fit un quart de converfion et défila par le
même paffage, deforte que, lorsqu'elle arri-

va à l'autre côté du marais, tout étoit quasi fini, et que la poursuite qu'elle fit de l'ennemi au delà du village de Bennerich, ne lui valut que quelques prisonniers, qui venoient de se rendre eux-mêmes.

Il est très-certain, et même avoué de la part de nos ennemis, que si le jour n'avoit baissé, ou que toute notre cavalerie auroit pu passer à tems, l'armée Saxonne auroit risqué d'être totalement détruite. Mais il est fort vraisemblable d'un autre côte, que si les grenadiers du poste de Kesselsdorf s'étoient contentés de s'y maintenir sans faire des sorties déplacées, cette journée nous auroit couté un monde infini, et sans succès peut-être, au desavantage du lendemain *).

Disons à-présent un mot du Prince de Lorraine et de son armée, que nous avons vue se réfugier en Bohème, après l'evacuation de la Lusace. Ce Général avoit mar-

*) Voyez le mém. de Routowsky.

à grandes journées par le cercle de
Leutmeritz, et étoit redescendu en Saxe par
Aussig et Peterswalde. Son Avant-Garde
sous les ordres du Prince de Lobkowitz
arriva le treize de Décembre sous Dresde,
et le Prince Charles lui-même le quatorziè-
me. Cependant lorsque le combat se donna, il n'en fut que simple spectateur, et se
contenta de tenir ses troupes sous les armes
jusqu'au dénouement, quoique l'affaire se
passât pour ainsi dire sous ses yeux. On en
a parlé diversement, mais de toutes les
relations qu'on en donne, celle que je tiens
d'un Officier Saxon, prisonnier, me paroît
la plus vraisemblable. Il dit, que le Prince de Lorraine, se voyant pressé par le Duc
de Weissenfels à se joindre au Comte de
Rutowsky, s'étoit tiré à l'écart, et avoit
fait découvrir que toute son armée ne mon-
toit pas à dix-huit mille hommes, très ab-
attus par les malheurs passés, et qu'ainsi
que les affaires tournassent mal, comme il avoit raison de craindre, il se crut
assez d'hommes pour défen-

dre les défilés du chemin de Prague. La chose en elle - même paroît fort naturelle ; mais si pareille défaite peut être consolante pour des alliés, qui en deviennent les victimes, c'est ce que je ne saurois décider.

Revenons aux suites de la victoire. Le Roi étoit arrivé avec son infanterie la nuit du quatorziême a portée de Meissen : il y entra le quinze, et fit en même-tems approcher sa cavalerie, pour la faire passer l'Elbe le seiziême de grand matin. Comme le seul pont et les défilés de l'autre côté de la ville, rétardoient infiniment le passage, Sa Majesté prit le même jour le devant avec son infanterie, et alla se cantonner à Wilsdrouff et aux environs. La nuit suivante on avoit achevé de passer la rivière, et toute l'armée eut ordre de s'assembler le dix-septiême à l'aube du jour sur les hauteurs de Kesselsdorf et de Bennerich au delà du champ de bataille, pour soûtenir celle du Prince d'Anhalt, en cas que le Corps du Prince de Lorraine et du

Comte Routowski, joints ensemble, vou-
lussent avoir leur révenge, comme on en
fit courir le bruit. Mais, apprenant pen-
d'heures après, qu'ils avoient pris le parti
de se replier jusqu'aux montagnes entre Pir-
na et Dippoldswalde, le Roi se tourna vers
Dresde, fit sommer cette capitale, et l'eut
par composition, avec tout l'arsénal, la gar-
nison, et grand nombre d'Officiers, qui s'y
étoient jetés après la malheureuse journée
de Kesseldorf. Il est sûr, que les Officiers
prisonniers se comptoient alors par centaines.

Le dix-huitième, dix-neuvième et les
jours suivans, le Roi fit marcher divers détachemens vers Freyberg et les autres villes
du pays montagneux, appellé *Ertzgebür-
gische Gegend*, pour empêcher l'ennemi d'y a-
voir les quartiers, ce qui le contraignit
dépendant entièrement la Saxe et de
se renfermer dans la Bohême, où il était
très-naturel, que les deux Cours de
Vienne et de Dresde, vu leur espéran-

ces du côté des armes ruinées, cherchaſſent à ſortir d'embarras par d'autres moyens. Auſſi le Miniſtre de l'Angleterre à la Cour de Dresde, rénoüa- t- il les négociations, et trouvant dans l'eſprit du Roi de Pruſſe cette facilité généreuſe à étouffer tout ſentiment oûtré de vengeance, l'affaire fut bientôt remiſe en train, et heureuſement achevée. Ce fut le vingt-ſix de Décembre, que la paix fut concluë à Dresde entre les plénipotentiaires des trois Cours, ſur le pied de la convention d'Hannovre et du traité de Breslau. Les ratifications réſpéctives ayant été échangées de part et d'autre, notre armée évacua la Saxe, et le Roi couvert de gloire, s'en retourna à Berlin.

Ce Monarque avoit pendant le cours de cette guerre, vaincu ſes ennemis plus d'une fois en bataille rangée, et avoit ſi bien ſu accommoder ſes opérations ſucceſſives, au plan général qu'il s'étoit propoſé, que prévenant en tout tems les deſſeins de ſes adverſaires, il les avoit forcé enfin, à demander une paix qu'ils avoient souvent rejettée avec hauteur.

Je ne Vous donne pas la liste des morts et des blessés, que nous avons eus pendant cette expédition; il est notoire, que nous y avons laissé nombre de braves gens: mais je ne puis m'empêcher d'ajouter en passant un mot de réflexion sur cet événement mémorable.

Le dessein de nos ennemis, de transporter la guerre dans le cœur des Etats du Roi, étoit bien conclu, et n'auroit pu manquer de déranger infiniment nos affaires, en cas qu'il eût réussi. Il falloit pour cet effet que de leur part on brusquât les choses, et qu'on commençât à agir avant que l'armée du Prince d'Anhalt pût se rassembler. Le mémoire qu'on attribue au Comte de Routowsky, et que la Cour de Dresde desavoue, prétend, que c'étoit-là leur plan, et que ce plan ne fut changé que par considération pour la Cour de Petersbourg, laquelle ne vouloit pas confentir à l'irruption dans les provinces héréditaires de la maifon de Brandenbourg, mais qui en révange abandonnoit la Siléfie, comme nouvelle conquête du Roi, au bras féculier, comme s'exprime le dit mémoire. Suppofons donc que ce mémoire nous dife la vérité, comme en effet il-y-a beaucoup d'apparence, et voyons, fi les deux Cours ont bien fait, de changer leur plan, fans quitter néanmoins la même entreprife. Le moment critique et favorable leur étoit échappé. Dès - qu'il ne leur etoit plus permis, de nous attaquer par le Magdebourg, ni dans un tems, où nous n'y étions pas tout-à-fait préparés, la face des chofes n'étoit plus la même. L'Autriche n'avoit pas les forces réquifes pour nous enfermer dans la Siléfie, ou pour nous couper entiérement la communication d'avec le Brandenbourg, et la Saxe rifquoit abfolûment, de voir le théâtre de la guerre établi dans fes propres Etats. Prétendre de leur part, que le Roi de Pruffe eût dû ufer des mêmes précautions qu'eux à l'egard de la Ruſſie, c'étoit lui ſuppoſer auſſi peu de lumières que de conduite. Indépendamment de la différence qu'il-y-avoit dans les deux procédés, le leur étant entiérement offenſif, il auroit été inouï, qu'un Souverain par ſimple déférence pour une Cour neutre, eût mieux aimé ſe laiſſer mettre le pied ſur la gorge et ſaccager ſes domaines, que de chercher à détourner promptement ces malheurs, pour les faire tomber ſur ceux qui l'en ménaçoient.

En effet c'étoit préciſement le cas du Roi : s'il s'étoit tenu ſur la défenſive en Siléſie et dans le Magdebourg, quelque vigoureuſe qu'elle eût été, les Autrichiens l'auroient occupé d'un côté, et les Saxons de l'autre, tandis-que le Comte de Grune avec ſes dix mille hommes, ſe ſeroit jetté dans le Brandenbourg dénüé des troupes, s'auroit rendu maître de la Capitale, et auroit ruïné le plat-païs de fond en comble; aulieu que, ſi le Roi ſe déterminoit,

comme il fit et comme c'étoit le feul parti
qui lui refioit à prendre, d'aller des deux
cotés, charger fes ennemis dans leur propre païs, il les éloignoit du fien, coupoit
le Corps du Comte de Grune en cas qu'il
continuât de s'avancer, et pouvoit avec fes
armes victorieufes contraindre les puiffan-
ces ennemies, à donner les mains à un ac-
commodement.

Tout cela étoit fi naturel qu'on auroit
pu et dû le prévoir, d'où j'infère, que le
Roi de Pruffe n'a pas eu d'autre reffource
que d'agir comme il a fait, et qu'au contraire les deux Cours alliées n'ont pas con-
fulté leurs véritables intérêts, quand après
le dérangement de leur prémier plan, ils
ont continué dans la même vûe, fans plus
avoir les mêmes moyens. L'évènement
l'a fait voir affez. Il ne fert de rien de
dire, que la fortune nous a été favorable
en tout. On n'en difconvient pas en général; mais je ne mets point au rang des
coups de fortune, l'enlévement du quar-

tier de Catholifch-Hennersdorf, ni la confufion dans laquelle fut mife l'armée du
Prince-Charles, ni l'évacuation de la Luface, ou fa retraite en Bohème, à laquelle il fut forcé malgré lui, ni l'irruption du
Prince d'Anhalt du côte de Leipzig, ni fa
marche et la nôtre jusqu'à l'Elbe. Tout
ce qu'on pourroit attribuer aux caprices
du fort, feroit la bataille de Keffelsdorf:
mais cela ne faifoit rien ou peu au capital
des affaires. Car indépendamment de
cette victoire, nous étions déja affez bien
établis dans la Saxe, pour ne plus craindre
pour nos provinces: et ce coup, quoique
décifif, ne faifoit proprement qu'abréger
la Campagne et la guerre, dont la fin, à
en raifonner humainement et félon l'en-
chainement des circonftances, devoit tourner à notre avantage.

     ❧ ❧ ❧

Je souhaite que la lecture de cette rélation Vous fasse autant de plaisir, que
cette occasion de satisfaire à Vos ordres,
m'en a causé à moi.   Je suis etc.

De Berlin,
ce 20. de Mars 1746.

Fin de la seconde partie.